mindfulness

para vivir
sin miedos

HELEN FLIX

mindfulness

para vivir
sin miedos

diversa

© 2016, Helen Flix
© 2016, Diversa Ediciones
  Edipro, S.C.P.
  Carretera de Rocafort 113
  43427 Conesa
  diversa@diversaediciones.com
  www.diversaediciones.com

Primera edición: abril de 2016

ISBN: 978-84-944037-4-3
ISBN Ebook: 978-84-944037-5-0
Depósito legal: T 427-2016

Diseño y maquetación: Dondesea, servicios editoriales
Imagen de portada: © Dirk Ercken/Shutterstock

Impreso en España – *Printed in Spain*

ÍNDICE

INTRODUCCIÓN

Últimamente se habla mucho de mindfulness, porque es una de esas palabras que se han puesto de moda, y todo lo que es moda vende. Pero lo que realmente es el mindfulness queda desdibujado.

En el marco de la investigación científica actual, mindfulness o «atención plena», como se ha traducido en castellano, se ha definido como la consciencia no prejuiciosa de la experiencia inmediata (sensaciones, emociones, sentimientos o pensamientos) tal y como es en el momento presente[1]. Mindfulness hace referencia a la consciencia que transforma el vivir en experiencia.

Para comprender cómo se ha producido la expansión de la práctica del mindfulness es importante tener en cuenta el trabajo pionero de Jon Kabat-Zinn. En 1979 fundó la Stress Reduction Clinic[2] en en el Medical Center de la universidad de

---

1 Kabat-Zinn, J. *Full catastrophe living*. Delta Publishing. Boston, 1990.

2 Este programa ha tenido un enorme éxito y en la actualidad se está ofreciendo a pacientes en más de 250 hospitales de Estados Unidos, así como en muchos otros del mundo. Además de Kabat-Zinn, Richard Davison, Daniel Goleman y Daniel Siegel, entre otros, han contribuido a la investigación científica sobre los efectos y los mecanismos neurobiológicos de la meditación y la atención plena. Y gracias a los trabajos de investigación se han multiplicado exponencialmente las publicaciones científicas que llevan la palabra «mindfulness» en su título.

Massachusetts, donde puso en marcha el programa *Mindfulness Based Stress Reduction* (MBSR) dirigido a pacientes crónicos: estrés postraumático, ansiedad y depresión.

Para introducir las técnicas de *contemplación sin juicio* de la meditación Theravada (budismo), en el ámbito universitario y clínico, las liberó de toda connotación filosófica espiritual e incluso en un principio, a finales de los 70 del siglo pasado, no se utilizaba siquiera la palabra «meditación».

La atención plena forma parte de la meditación, pero no es necesario saber meditar para practicar mindfulness. Y tampoco es su finalidad.

De momento en España nos encontramos con que se está introduciendo la práctica del mindfulness en psicoterapia, aunque hay pocas publicaciones científicas en castellano y poca investigación, dando paso a una utilización poco ortodoxa y correcta del mindfulness, que se ha convertido más en un reclamo o una moda en lugar de ser una técnica terapéutica con bases neurocientíficas de muy buenos resultados.

¿Por qué un libro sobre el miedo y la atención plena? Las personas vivenciamos dos tipos de miedo: uno biológico, compartido con las demás especies animales, el instinto de supervivencia, que nos insta frente al peligro a luchar o a huir, y «el miedo psicológico», que puede transformarse en distintas reacciones (estrés, preocupación, tensión, ansiedad, agitación, nervios, obsesión, inquietud, fobia y miedos diversos). Su característica es que no responde a ningún peligro real, ni objetivo inmediato, sino a elucubraciones, cálculos o previsiones mentales del sujeto. Solo se corresponde a algo que podría pasar, a algo que ocurrió y podría volver a ocurrir y no a algo que está sucediendo en el «aquí y ahora», aunque nuestro cuerpo lo somatiza como algo presente mientras la mente está en el futuro anticipando realidades posibles.

A este estado peculiar disociado de la realidad objetiva y del presente le debemos las sensaciones ansiógenas. Por todo ello, el mindfulness es muy útil para vencer la batería de múltiples síntomas y estados del cuerpo y de la mente que nos produce esta anticipación y disociación, ya que su función consiste en entrenarnos a vivir en el «aquí y ahora», enseñándonos a unir los pensamientos, las emociones y las sensaciones físicas que antes iban cada una de ellas por su cuenta y en distintas direcciones.

CAPÍTULO 1
MINDFULNESS

*«Prestar atención de manera intencional
al momento presente, sin juzgar».*
Jon Kabat-Zinn

Detenerse y observar con los ojos cerrados lo que ocurre dentro de nosotros, la propia respiración, las sensaciones, el flujo de pensamientos, y a nuestro alrededor, los sonidos, los olores, los sabores, la temperatura… Simplemente observar, sin emitir juicio alguno, sin esperar ningún tipo de suceso, sin rechazar nada que nos venga a la mente, pero sin aferrarse a lo que está sucediendo. Eso es mindfulness.

Así de aparentemente sencillo. El mindfulness, o en castellano atención plena, es mucho más eficaz de lo que puede parecer a mentes apresuradas y deseosas de controlarse.

Dentro de la atención plena pueden distinguirse tres fases o actitudes fundamentales. La primera se basa en una apertura máxima del campo de atención, enfocándolo al conjunto de experiencias personales del instante. Dicho de otro modo, a todo aquello que percibe la mente minuto tras minuto: el ritmo de la respiración, las sensaciones corporales, lo que se ve y se oye, el estado emocional, los pensamientos que van y vienen… La segunda fase o actitud fundamental consiste en desprenderse de las tendencias a juzgar, controlar u orientar esa experiencia del momento presente. La tercera es entender que la atención plena es una consciencia «no elaboradora» que no pretende analizar ni expresar en palabras, sino más bien observar y experimentar. Dicho estado corresponde a un modelo de funcionamiento mental que puede sobrevenir de forma espontánea a todo ser humano. Existen diversos cuestionarios acreditados que permiten calibrar las actitudes espontáneas en la atención plena. Uno de los más estudiados es la Escala de Consciencia Plena (MAAS, por sus siglas en inglés).

Entre las cuestiones que propone se encuentran: si se rompen o tiran objetos por falta de atención o por estar distraído, si se tienen dificultades de concentración sobre lo que ocurre ahora mismo, o la tendencia a marchar deprisa hacia un destino deseado sin fijarse en lo que sucede por el camino. Con ello trata de explorar la capacidad de «presencia» o «ausencia» (por distracción, preocupación o tensión por llegar a un objetivo) del sujeto en todas las actividades que desarrolla.

La aptitud para una atención plena puede desarrollarse, y es bueno saber que este «adiestramiento mental» comporta una multitud de beneficios.

1. La práctica de consciencia plena consiste en concentrarse en el momento actual, en las propias sensaciones y en las percepciones internas.
2. Se trata de una práctica capaz de influir de manera positiva en la salud, en especial en la reducción de la ansiedad emocional.
3. Desde la neurociencia se observa con interés esta forma de meditación, con aparente incidencia en el funcionamiento del cerebro.

DEJARSE INVADIR

La práctica de consciencia plena no es una técnica de relajación. Consiste en estar más presente en sí mismo y en el mundo, en dejarse invadir por los sonidos y olores del entorno, así como por las propias sensaciones. Existen en la actualidad distintas líneas psicológicas que estudian científicamente la aplicación del mindfulness y que se encargan de su enseñanza a otros profesionales de la salud[3].

Así, podemos considerar el mindfulness como la primera «World Therapy»[4], y suele aplicarse en un programa de ocho sesiones de unas dos horas una vez por semana y habitualmente en grupo, según protocolos. Se invita a los sujetos a que participen en ejercicios que luego practicarán durante el resto de la semana en sus domicilios. A estos los podemos llamar *ejercicios formales*, pero también se les invita a realizar *prácticas informales*, como observarse al comer, andar, lavarse los dientes, fregar platos, etc. sin pensar en otra cosa ni realizar otra tarea a la vez.

Se trata de educar al sujeto a concentrarse en su respiración y en el conjunto de sensaciones propias, para acostumbrase a aceptar las emociones desagradables en lugar de intentar evitarlas de cualquier modo para despejar la mente.

Mindfulness se diferencia de la relajación porque no rehúye ni enmascara las emociones dolorosas, sino que enseña a aceptarlas tal como son sin amplificarlas.

---

3 Ver anexo.

4 Denominación inglesa de las prácticas terapéuticas que integran diversas influencias: raíces orientales y codificación occidental, en concreto norteamericana, ya que son Jon Kabat-Zinn, psicólogo estadounidense, y Zindel Segal, psiquiatra canadiense, quienes las cimentaron y asentaron en la psicología científica. «La meditación de consciencia plena», Andrè Christophe, *Mente y cerebro*, 59-2013.

> Cuanto más intentas huir de algo, más poder le das y termina ocupando todo el espacio de tu mente y de tu vida.

Se trata de una ecología espiritual que sostiene que muchas dolencias físicas son el resultado de estrategias inapropiadas y sostenidas en el deseo de erradicar el dolor mediante la evitación o la huida. Paradójicamente, renunciar a estas estrategias alivia el sufrimiento más deprisa y por más tiempo.

QUÉ NO ES MINDFULNESS

Ideas preconcebidas sobre la meditación

Suele pensarse que la meditación consiste en una reflexión profunda e inteligente sobre un tema metafísico como la vida, la muerte o el cosmos. En realidad, en el mindfulness la atención no se fija en la reflexión intelectual o en la elaboración conceptual, sino en la experiencia no verbal, corporal o sensorial.

También se piensa que la meditación consiste en hacer un vacío mental. Sin embargo, en el mindfulness los instantes sin mentalización son bastante raros. La labor esencial no estriba en acallar las habladurías de la mente, sino en no dejarse arrastrar por ellas, observar en lugar de aceptar. Se pretende acercarse a una «consciencia sin objeto», en la cual la mente no emprende ninguna actividad voluntaria, sino que intenta mantenerse en posición observadora. No se trata, pues, de una ausencia de pensamientos, sino de una ausencia de implicación en tales pensamientos.

También se suele asociar la meditación con un proceso religioso o espiritual. Pero el mindfulness busca, ante todo, desarrollar y ejercitar a diario un instrumento de regulación atencional y emocional más allá de toda forma de creencia.

Por otra parte, se suele comparar la meditación con la relajación o la sofrología. A través de la meditación de consciencia plena no se busca alcanzar un estado de descanso o calma particular (ciertas sesiones pueden resultar, por el contrario, difíciles o dolorosas). Se persigue, en cambio, intensificar la consciencia y el rechazo a las experiencias íntimas. Por ejemplo, más que buscar no encolerizarse ni entristecerse, se tiende a observar la naturaleza de las emociones, su efecto en el cuerpo y los comportamientos que provocan.

Conceder un «espacio mental» a las emociones negativas permite recuperar su control, ya que posibilita que existan y que se expresen sin ser amplificadas por la represión (no autorizarlas) o la fusión (no distanciarse de ellas).

> Mindfulness no es dejar la mente en blanco. No es buscar el éxtasis o la iluminación, ni apartarse de la vida. No es escapar del dolor. No es suprimir las emociones. No es una técnica de control. No es una técnica de relajación. No es pensamiento positivo. No es autorreferencial (es como concebimos nuestro Yo). Los momentos de mindfulness no son conceptuales, no son verbales, no se enjuicia la experiencia.

CAPÍTULO 2
FISIOLOGÍA DEL MIEDO

Nuestro organismo está preparado para favorecer la supervivencia del sujeto, con un complejo sistema que se activa ante la percepción de una situación de peligro, autorregulándose y preparándose para dar respuestas que nos protejan.

Poseemos un cerebro único, constituido por una única red interconectada de neuronas y células gliales, pero la evolución lo ha constituido en cinco formas de funcionamiento diferenciadas por su evolución filogenética que producen fenómenos psicológicos distintos y en tres capas anatómicas diferenciadas, que reflejan la evolución del ser humano.

La capa más antigua está ubicada en el centro del cerebro y se conoce como cerebro reptiliano. Se encarga de regular acciones esenciales para la supervivencia como comer, respirar, el instinto sexual, las relaciones sociales, la curiosidad, la imitación, el juego, la protección de los niños… Con la evolución y el paso de los años se desarrolló una segunda capa sobre la primera en la que se encuentran las estructuras del sistema límbico que se encargan de la conservación de la especie y el individuo. Regulan las emociones, la lucha, la huida y la evitación del dolor, así como la búsqueda del placer. La tercera capa es la corteza cerebral, compuesta por dos hemisferios (derecho e izquierdo) y los lóbulos frontales. En ella se dan el pensamiento racional y el abstracto.

ALERTA DE PELIGRO

Cuando detectamos tanto consciente como inconscientemente algo que representa un peligro, se activa el sistema de alarma en el organismo, que lo prepara para poder sobrevivir, desencadenando una serie de respuestas fisiológicas. Este sistema de alerta o alarma se encuentra en la segunda capa en el cerebro humano (sistema límbico).

La amígdala es una estructura que se encuentra dentro del sistema límbico que se encarga de identificar las caras, situaciones y olores que representan un peligro inminente para nuestra supervivencia. Está preparada para reconocer más rápido el peligro que las situaciones amables. La amígdala controla y mide emociones principales tales como la agresión, el miedo y el afecto. Debemos considerarle el centro de identificación del peligro y es fundamental, ya que sin ella no tendríamos instinto de supervivencia. El sistema límbico controla las respuestas de lucha o huida.

Toda la información que entra a través de los sentidos es filtrada por la amígdala[5] y esta detecta cualquier señal de peligro. Monitorea las veinticuatro horas del día todo lo que ocurre a nuestro alrededor, incluso mientras dormimos es un fiel guardaespaldas, está atenta y cualquier sonido que pueda representar

---

5 Dos estructuras muy complejas y diminutas con forma de almendra que están ubicadas a cada lado del cerebro.

un peligro para nosotros, por pequeño que sea, activa sus conexiones nerviosas y nos despierta.

La amígdala y las estructuras cerebrales que detectan peligro están atentas a cualquier percepción ordinaria (no identifican detalles) que pueda representar una amenaza, un movimiento extraño, un ruido, un gruñido, una sombra, un olor; cualquiera de estas situaciones desata una reacción de alerta en el organismo, activando el sistema nervioso autónomo, y solo hasta que nos percatamos de lo que realmente sucede, si existe peligro o no, este se desactiva o reacciona regulando la reacción de lucha o huida.

En los primates salvajes, agresivos, la extirpación de la amígdala provoca una pérdida del miedo a los humanos y la supresión de toda conducta agresiva. Pero en los humanos perder la amígdala no significa la pérdida total del miedo, ya que esta es solo una parte del complejo sistema del miedo que incluye partes del sistema límbico y de la corteza. Sin embargo, la pérdida de la amígdala en los humanos sí que provoca cambios en la persona, convirtiéndola en más calmada.

La función de alarma en el sistema nervioso produce un aumento de la actividad de diversas funciones corporales como el aumento de la presión arterial, el ritmo cardíaco, el ritmo respiratorio, un incremento de la glucosa en sangre, intensificación del metabolismo celular, aumento de la coagulación sanguínea e incluso más rapidez en la actividad mental.

La sangre fluye a los músculos mayores, principalmente a las piernas, para tener suficiente fuerza y velocidad de escape si fuera necesario. El corazón comienza a latir muy por encima del ritmo habitual, llevando rápidamente al torrente sanguíneo hormonas como la adrenalina para repartirlas a todo el cuerpo y a los músculos. El sistema inmunológico se detiene, al igual que todas las funciones no esenciales en el cuerpo, para prepararlo para lo que pueda ocurrir: la evasión o la agresión de una amenaza física externa. Cuando el peligro ha pasado, la división parasimpática calma el cuerpo y le ayuda a recuperar su funcionamiento normal: la calma después de la tempestad.

Todas las reacciones que ocurren son útiles para la supervivencia. El cuerpo sabe lo que debe hacer ante la percepción de un peligro para maximizar las posibilidades de salir con vida. Todo ocurre automáticamente, nuestro trabajo solo consiste en analizar la situación para tomar la mejor decisión según sea la amenaza.

LA RESPUESTA DE AGRESIÓN O EVASIÓN

Al activarse la respuesta de agresión o evasión, también llamada lucha o huida, se liberan grandes cantidades de epinefrina (adrenalina) que activa el sistema nervioso autónomo.

Sistema nervioso autónomo
Simpático: Regula la respuesta de evasión/agresión.
Parasimpático: Regula las funciones vegetativas
del cuerpo (respiración relajada, digestión, crecimiento,
excretores…).

Los cambios físicos más perceptibles que provoca el sistema simpático en el cuerpo humano son:

◆ Respiración más profunda y rápida: aumenta la cantidad necesaria de oxígeno, lo que provoca el jadeo de la excitación intensa.

♦ Aceleración de los latidos cardíacos: el corazón bombea más sangre hacia los músculos, preparándonos para la lucha inminente.

♦ Sudoración fría: es una preparación para el sudor cálido de la actividad muscular real.

♦ Incremento de la tensión muscular: prepara los músculos para la acción que emprenderá de inmediato, evasión o agresión.

♦ Escalofríos y erizamiento del vello: conserva el calor y protege el cuerpo del aumento del frío por la constricción de los vasos sanguíneos periféricos.

♦ Constricción de los vasos sanguíneos periféricos cercanos a la superficie del cuerpo: provoca la elevación de la presión sanguínea; debido a ello nos quedamos blancos de miedo.

♦ Sequedad de boca por disminución de la saliva: ello es debido a la supresión de la actividad digestiva, disminución del flujo de los jugos gástricos.

♦ Suspensión de la actividad digestiva: ocurre para poder suministrar sangre adicional a los músculos motores.

♦ Dilatación de las pupilas: produce una mejor visión de los peligros, y provoca el efecto de ojos desorbitados por el miedo.

♦ Supresión del sistema inmune y respuesta dolorosa: evita la hinchazón y la incomodidad que interferiría en una huida rápida.

♦ Necesidad de evacuar los intestinos y la vejiga: libera al cuerpo de cualquier trabajo extra.

Todas estas respuestas suministran la fortaleza, el vigor y la capacidad para responder rápidamente. Antiguamente nos ayudaba a sobrevivir frente a un ataque de animales que ponían en peligro a nuestros hijos. En la actualidad, por ejemplo, a los soldados también les ayuda a sobrevivir en combate, a los atletas a conseguir sus medallas y en general a todas las personas a afrontar situaciones peligrosas de manera más efectiva.

CUANDO LA ALERTA SE TRASFORMA EN ANSIEDAD

La evolución adaptativa de cualquier especie es lenta, por lo que seguimos reaccionando con la misma virulencia ante las amenazas comunes que sufrimos hoy en día que son más emocionales, ya que en un mundo tan tecnológico como el occidental, afrontamos menos peligros físicos que nuestros antepasados.

Las amenazas de hoy en día son más psicológicas, como la pérdida de la pareja, del estatus social, del trabajo, de la sensación de importancia, la jubilación, la juventud o la belleza. Estas situaciones no suelen requerir una respuesta inmediata, pero nuestros cuerpos responden con reacciones físicas ante cualquier situación estresante como una amenaza. Cuando una persona está sometida durante tiempo a estrés se siente amenazada y confusa por lo que piensan los demás, y su cuerpo activa la respuesta de evasión o agresión. La información que proviene de los sentidos llega al cerebro, que la procesa de dos formas: una cognitiva, que implica al pensamiento consciente en lo que estamos experimentando, y la emocional, que está diseñada para alertarnos de eventos importantes, ya sean negativos o positivos.

Nuestra amiga la amígdala es la clave que regula las señales de peligro en el plano emocional e inconsciente. Ella guarda en nuestra memoria cualquier experiencia desagradable u horrible; si nos reencontramos más adelante con ese objeto o situación, se activará inmediatamente la respuesta de miedo, sin tomar consciencia de ello, provocando ansiedad y estimulando la respuesta de evasión o agresión. Al fin y al cabo, la amígdala está diseñada para responder exageradamente ante una situación de posible peligro.

Ante la percepción de un peligro (y este puede ser emocional), se agudizan todos nuestros sentidos, abrimos más los ojos y las pupilas se dilatan para recabar la mayor cantidad de información posible. En algunas personas las alarmas se activan sin ninguna razón aparente. Cuando esto sucede, se da lo que conocemos como «ataque de pánico». Cuando la alarma se activa frente a objetos inocuos, o sea, ante estímulos específicos, por ejemplo una cucaracha, se da lo que se conoce como una «fobia».

En algunos casos primero se presenta el ataque de pánico, por ejemplo mientras conduces, y ello puede evolucionar en una fobia a conducir, ya que temes volver a vivir un episodio de pánico mientras conduces. Incluso el hecho de subirse al automóvil desencadena en la persona todas las reacciones del miedo.

RASGOS DE PERSONALIDAD FAVORECEDORES DE UNA ELEVADA ANSIEDAD QUE PUEDEN DESENCADENAR MIEDOS

Si cumples con algunos de estos rasgos creadores de ansiedad, puede que haya algunas áreas que tengas que trabajar.

Personas con una necesidad excesiva de aprobación. Dependen de los demás para poder tener una sensación de autovaloración, generando un miedo al rechazo, que se convierte en un problema para marcar límites y decir no, así como una hipersensibilidad a las críticas. También puede que la necesidad de aprobación haga que el sujeto se responsabilice de los sentimientos de los demás y se considere responsable de la felicidad de familiares y amigos. Esta necesidad excesiva de aprobación se asocia a una baja autoestima.

Personas con pensamiento rígido. Tienen tendencia a percibir la vida en forma de alternativas disyuntivas; todo es blanco o negro, correcto o incorrecto, éxito o fracaso, justo o injusto. Otra característica de este tipo de pensamiento es la presencia de muchas reglas rígidas; para ellos solo existe un modo correcto de hacer las cosas y les resulta muy irritante que no se hagan de su modo (el correcto). Se mueven dentro de los «deberían» y los «tendrían».

Personas con expectativas exageradamente elevadas hacia uno mismo. Tienen una expectativa de desempeño de tareas y de logro con respecto a sí mismos mayor de la que esperan de los demás. Un aprobado en Química de un buen amigo es un logro, y un notable en ellos es algo normal.

Personas con un alto nivel de perfeccionismo. Es una combinación de los tres anteriores. Las expectativas excesivamente elevadas, la tendencia al pensamiento de todo o nada al evaluar las acciones de uno mismo, a centrarse en los errores y defectos nimios sin saber cuantificar el logro y el avance conseguidos… Esto lleva a considerar cualquier logro que no sea perfecto como un fracaso personal, de modo que la tarea realizada, como la propia persona, es un fracaso. La coletilla que denuncia a un perfeccionista es el «pero»; les oiremos decir «el viaje estuvo bien pensado, *pero*…» y nos contará con profusión de detalles todo lo que salió mal («Padecí el mal de altura»; «Me dejé la pasta de diente en un hotel»; «Me mojé unos calcetines», «Hubo una huelga», etc.).

Personas con una necesidad de mantener el control como sea. Este tipo de personas ponen un excesivo énfasis al hecho de permanecer en calma y mantener el control, así como en la necesidad de que los acontecimientos sean predecibles. Los cambios inesperados les producen angustia, ya que les es difícil mantener la calma y el control cuando no saben qué va a pasar. Estas personas suelen dar la imagen de fuertes a sus familiares y amigos, ya que solo presentan al mundo una imagen equilibrada y segura, aunque padezcan una gran confusión interior.

Personas altamente creativas. Cuanto más creativa es una persona, más facilidad tiene para imaginar situaciones de peligro o alarmantes que pueden ocurrir. La creatividad se esconde detrás de la anticipación negativa («qué pasaría si...»). Una persona con una mente creativa puede llegar a vivir las imágenes terroríficas que imagina como reales, convirtiéndolas así en peligros reales.

Supresión de algunos o de todos los estados emocionales negativos. Algunas personas temen perder el control; a menudo suprimen los sentimientos que podrían acarrear desaprobación o rechazo por parte de los demás, así que esconden (suprimen), y no se permiten experimentar sentimientos socialmente no aceptables como, por ejemplo, el odio, la rabia o el orgullo.

Evidentemente un grado de control, de perfeccionismo, de creatividad, de expectativas personales altas o de aprobación es bueno, siempre que nos movamos dentro de una gama saludable de intensidades. Ni los excesos ni la supresión nos eliminarán la ansiedad, y con ello, aparecerán los miedos.

CAPÍTULO 3
LOS MIEDOS SON EDUCADOS

Desde el nacimiento hasta aproximadamente los 3 años funcionamos a través de la mente instintiva (cerebro reptiliano) y de la mente intuitiva (hemisferio derecho), lo que hace que podamos aprender muchas cosas antes de poder pensar con palabras.

Bebés. Los recién nacidos giran la cabeza en dirección a las voces humanas e intuyen por el tono las emociones asociadas. Un lactante de una semana colocado entre unos sujetadores impregnados del olor de su madre y otros con el olor de una mujer también lactante, escoge sin duda alguna el sujetador de su madre. En esa etapa el bebé niño capta lo que le mostramos del mundo, de nuestras emociones, de nuestros miedos, como una esponja.

Si tenemos miedo de subir en ascensor y lo vamos a utilizar, instintivamente apretamos al niño más fuerte a nuestro cuerpo, nuestros gestos y respiración se vuelven más tensos y el tono de voz denota ansiedad; al cabo de un tiempo el bebé habrá «absorbido» nuestras reacciones y él también mostrará inquietud, y de mayor tendrá algo de claustrofobia en los ascensores, que nos relatará como genética (que es el saco de todo lo que no entendemos con relación a los miedos), porque su madre también padece de ello, pero no lo asociará a una emoción educada.

De los 4 a los 7 años. Necesitamos sentirnos aceptados, así que buscamos los rasgos, gestos y actitudes que más destacan en nuestros progenitores, imitándolos, configurando nuestras características observando a los mayores como espejos en los que reconocernos e imitar inconscientemente para integrarnos en nuestro núcleo familiar. Aprendemos tanto explícita como implícitamente lo que les gusta o disgusta a nuestros familiares y padres.

De los 8 a los 12 años. Se crea nuestra autoimagen, y la mente analítica (hemisferio izquierdo) comienza a hacerse notar, así como la mente emocional (sistema límbico). En esta etapa la reafirmación positiva es muy importante para crear en el niño buenos valores (seguridad, confianza…), pero en lugar de ello solemos hacerles notar lo que no hacen bien (su aspecto físico, sus carencias, nuestros rechazos y preocupaciones…), así que comienzan a verse a través de los ojos del progenitor, que tiene el poder de aprobar al niño o niña en la familia, y crecerán buscando su aprobación y llamándole la atención todo el tiempo. En esta etapa, el colegio será importante, ya que comenzarán las comparaciones: ser del grupo de los pringaos o de los populares, de los tímidos o de los gamberros, etc. Esto es, exclusión o integración.

De los 13 a los 16 años. Es la etapa más temida por los padres y posiblemente la más dura de la infancia. Se comienza a apreciar la mente planificadora (lóbulos frontales) y la total revolución hormonal que pone a prueba la mente emocional del joven, de sus padres y de sus profesores. La rebeldía en el hogar es el ensayo de las habilidades del joven antes de entrar definitivamente en el mundo adulto. Si no la gestionamos bien y lo arrasamos con nuestra autoridad paterna, le enseñamos actitudes pasivas (evasivas) ante las diferencias de opinión o la defensa de sus derechos. De adulto, sus jefes abusarán de él, tendrá miedo de defender sus derechos. Si reacciona con actitudes agresivas que nosotros fomentamos por exceso de permisividad o de represión, aprenderá a reaccionar agresivamente en las situaciones en las que sienta miedo a la frustración, a no poder defender sus ideas, a otras opiniones. Solo generará una actitud asertiva si le enseñamos a negociar y a entender sus emociones.

De los 16 a los 20 años. Configuramos una alta o baja autoestima que nos ayudará a afrontar los miedos familiares y sociales que nos acosen en nuestra etapa de desarrollo social, los correspondientes a nuestra generación. Esta época estará muy marcada por las amistades y las creencias recibidas de nuestro grupo familiar.

De los 20 años en adelante. Reforzaremos con nuestras experiencias de vida y los sesgos de confirmación (persistencia en las creencias) nuestros aprendizajes positivos, haciendo que esas áreas de personalidad y vida funcionen sin miedo, así como los negativos que vamos repitiendo, generando miedos en esas áreas.

«El amor ahuyenta al miedo y recíprocamente el miedo ahuyenta al amor. Y no solo al amor el miedo expulsa; también a la inteligencia, la bondad, todo pensamiento de belleza y verdad, y solo queda la desesperación mundana; y al final, el miedo llega a expulsar del hombre la humanidad misma».

Aldous Huxley

CONSECUENCIAS DE NUESTRA EDUCACIÓN EN EL DOLOR

Hemos aprendido a estar siempre en estado de alerta al educarnos casi exclusivamente fijándonos en lo negativo que ocurre a nuestro alrededor, preparados para atacar o defendernos, corrigiendo al que supuestamente ha hecho algo mal con agresividad, humillación o dureza en nuestras llamadas de atención, en lugar de animar a las personas, de alegrarnos de sus superaciones y logros, sabiendo que si otro ha podido lograrlo, nosotros también.

Errores que sustentan el miedo:

- Fijarnos en lo negativo y no en lo positivo.
- Sancionar, en lugar de reforzar.
- Imponer, en lugar de negociar y dialogar.
- Emplear el deber y el miedo, en lugar de motivar y dar libertad para cometer errores.

A nivel social hemos potenciado:

- El inmovilismo, en lugar de la creatividad.
- La dureza, en lugar del amor.
- La insensibilidad, en lugar de la sensibilidad.
- El pesimismo y el fracaso, en lugar de la esperanza.
- La obediencia, en lugar del razonamiento.
- La desconfianza, en lugar de la confianza.
- La humillación, en lugar de la autoestima.

Desde el punto de vista psicopedagógico, nuestra educación ha fallado en principios esenciales, pero hemos de ser justos con nuestra historia. Nuestros padres y abuelos crecieron en situaciones precarias, en un país que se reconstruía de una guerra y que estaba rodeado por países que participaban de una guerra mundial. La mano férrea que castigaba por ser disidente de las ideas de las clases gobernantes, vecinos y hermanos que se denunciaban por envidias (las mejores tierras, el hijo más guapo o inteligente, la mujer más bonita…), una religión que culpabilizaba, que predicaba «el valle de las lágrimas», ayudó a crear unos padres con unas creencias basadas en lo negativo y en el miedo.

Todos los adultos que nos rodeaban estaban siempre preocupándose; los motivos eran lo de menos, cualquier situación era una buena excusa para temer lo peor y sufrir. Estaban siempre en alerta previendo y avisándonos de todos los peligros reales e imaginarios que se les pudieran ocurrir.

Temían nuestras enfermedades infantiles, cuando estas lógicamente forman parte del crecimiento, transmitiéndonos miedo a la enfermedad, sometiéndonos a veces a pruebas innecesarias que los médicos realizaban para tranquilizarlos o a operaciones preventivas (extirpación de las amígdalas, por ejemplo) para evitar males mayores. Sufrían si éramos movidos o por si éramos quietos, temían que fuéramos egoístas si no compartíamos o que fuéramos demasiado generosos y lo prestáramos todo. Y también si salíamos poco con amigos o si por el contrario nos gustaba estar todo el día en la calle. Nos reñían por hablar por teléfono o nos interrogaban por lo que nos ocurría si no nos llamaban nuestros amigos. Se enfadaban si pedíamos; nos solían decir: «Te ha hecho la boca un fraile, siempre pidiendo», o nos interrogaban inquisitoriamente por nuestro estado de ánimo si no nos atrevíamos a pedir nada…

Había que hacer realidad eso de que «la vida es un valle de lágrimas». Este tipo de educación enseñó a los niños a estar en alerta ante cualquier situación que se pudiera convertir en enfado, pena o disgusto.

Nuestros mayores habían crecido sufriendo y nos enseñaron que la vida era sufrimiento. A ellos solo se les prestaban atenciones en la enfermedad; las madres tenían demasiado trabajo, cocinar, limpiar, lavar la ropa (la lavadora automática llegó en los años 60), cualquier tarea ocupaba demasiadas horas, así que solo se le dedicaba tiempo y atenciones especiales al niño que enfermaba. Se nos enseñó a premiar la enfermedad y ser un poco *pupas*. El niño que comía y crecía sano pasaba como un fantasma entre los hermanos y parientes. Las familias hablaban a todas horas de los hijos que creaban conflicto, convirtiendo a ese hijo en el centro de la vida emocional y familiar por el sufrimiento y el miedo que experimentaban los padres a perder el control de la vida del hijo conflictivo. Los otros hijos pasaban sin pena ni gloria. Hemos vuelto a premiar al hijo conflictivo, solo existe él.

La educación que transmitimos hoy en día (somos consecuencia de la educación recibida, tanto por imitación como por oposición) sigue funcionando al contrario de lo deseable. Les sensibilizamos hacia lo que les puede producir inseguridad, intranquilidad y desconfianza, así como una baja autoestima; insistimos en lo que hacen mal, en lo que no nos gusta en ellos, en lugar de sensibilizarlos hacia lo positivo, lo que les da seguridad, confianza en sí mismos, recalcándoles lo que hacen bien, mostrándoles sus cualidades.

Errores que hemos potenciado:
- La inseguridad, en lugar del refuerzo, de la autoestima.
- El tener, en lugar de ser.
- El egoísmo, en lugar de la generosidad.
- El aislamiento, en lugar de la empatía.
- El individualismo, en lugar del equipo.
- La hipocresía, en lugar de la transparencia.

A nivel social hemos potenciado:
- El consumismo sobre el consumo sostenible.
- La intolerancia sobre la flexibilidad.
- La estrechez mental sobre mentes abiertas, innovadoras.
- Dogmatismo en lugar de respeto por la inteligencia.
- Estrés por encima de la salud.

La buena noticia es que todo este fiasco fue y es educado, así que busquemos nuestras creencias que nos provocan dolor y reeduquémoslas. ¿Cómo hacerlo? ¿Qué puede contribuir en nuestra educación a generar creencias asociadas a la ansiedad y el miedo?

Nuestra personalidad se desarrolla a partir de la combinación de los siguientes aspectos:

◆ Los métodos de disciplina utilizados para entrenarnos (educarnos) y socializarnos.

◆ Los valores y creencias de la familia donde crecimos.

◆ Su herencia biológica.

◆ Los modelos de rol representados por los adultos del entorno mientras crecías.

◆ Nuestro lugar dentro de la constelación familiar: tipo de matrimonio de nuestros padres (segundas nupcias, divorcio), orden de nacimiento (primer hijo, hijo mediano…), sexo de los hermanos, si somos adoptados, si ha muerto algún hermano o uno de los progenitores, minusvalías o enfermedades graves de algún pariente cercano (padre/madre, hermano/a), crianza de los hermanos por separado en distintas casas (tíos, abuelos en el pueblo…), etc.

◆ Las influencias sociales y culturales presentes durante la etapa de nuestro crecimiento (por ejemplo, ser de la generación del 68, crecer en España después del cambio político; laicismo o sociedades basadas en tradiciones religiosas; democracia o monarquías absolutistas o dictaduras militares; apertura sexual…).

◆ Como interpretamos cada uno de nosotros los factores anteriormente mencionados durante nuestro crecimiento.

CAPÍTULO 4
EMOCIONES Y APRENDIZAJE

La autoimagen que creamos de nosotros durante la infancia y la juventud dio soporte a nuestra autoestima, y esta determina en buena parte nuestra conducta.

Las conductas asertivas nos ayudarán a tener una mejor autoconsciencia y una más alta autoestima, generando en nosotros un lenguaje positivo que ayudará a pensar positivamente.

William James, fundador del primer laboratorio de psicología en el Lawrence Hall de la universidad de Harvard, ya dijo en 1884: «Tenemos miedo porque corremos, no corremos porque tenemos miedo». James hizo notar que primero tenemos la reacción sensorial y motriz (nuestra mente instintiva interpreta algo como peligro: un olor, una luz, un cambio de temperatura…) y después, como consecuencia, tenemos la consciencia de la emoción. Según James, tampoco lloramos porque tengamos pena, sino que tenemos pena porque lloramos. Primero viene la acción y casi siempre después le sigue la consciencia de la conducta emocional.

Se ha obtenido demostración empírica de que el procesamiento emocional puede transcurrir por dos circuitos separados, uno consciente y otro inconsciente. También sabemos que hay memorias emocionales inconscientes que condicionan nuestras respuestas (conductas) actuales y futuras.

PENSAMIENTO
Diálogo interno

↓

SENTIR

↓

CONDUCTA

> La relación existente entre pensamientos y sentimientos es uno de los elementos clave de nuestra conducta, que influye inexorablemente en la percepción que tenemos de nosotros mismos (autoimagen) y en la que tenemos de nuestro entorno.

Si entendemos que debemos actuar como si no tuviéramos miedo, y lo hacemos a pesar de lo que creemos sentir, terminaremos sintiendo valor y poder.

Valiente es aquel que hace las cosas aunque sienta miedo, quien las hace sin miedo es habilidoso.

En Perú veía porteadores, jóvenes cargados con grandes sacos a sus espaldas, algunos con más de la mitad de peso del que ellos mismos pesaban, caminando por desfiladeros, acantilados, y cruzando elevados puentes construidos con gruesas cuerdas y tableros de madera por los que se movían habilidosamente yendo y viniendo; jóvenes que se convertían en el único medio de transporte de mercancías. Yo sentía vértigo y un terror a la sensación de abismo horroroso. Seguro que alguno se lo puede imaginar. Y por razones de trabajo tenía que estudiar las costumbres de un grupo que vivía en una zona aislada del altiplano.

Cada vez que teníamos que caminar por caminos estrechos a alturas de más de 3.800 metros yo me sentía morir. Estaba convencida de que no podría. Evidentemente, mi grupo me ayudaba y alentaba, no podía quedarme allí en medio y ellos tampoco. Pero era conmovedor cómo me vitoreaban y aplaudían cuando conseguía superar mi miedo y cruzaba el puente o llegaba al tramo ancho y seguro del camino.

Un día un niño que ayudaba a su padre a cargar un mueble, al verme terminar el tramo, me gritó: «¡Valiente! ¡Esta señorita tiene mucho coraje!». Y me dio las más emotivas palmaditas que jamás había recibido en mi espalda, pues fatigada y con el corazón aún a todo galope, me había sentado en una roca. Yo, algo confundida, le respondí que los valientes eran él y su padre por cómo se movían por los caminos con tanto peso. Muy serio, me respondió: «¡Nosotros somos habilidosos, lo hacemos desde siempre, los pies saben dónde deben ponerse!», y se marchó hablando de mi valor con su padre y los otros porteadores.

Entendí que ser valiente significaba hacer las cosas aunque nos dieran miedo.

El siguiente puente de madera lo pasé intentando no mirar al suelo, así que me cogí del brazo de uno de los porteadores que iban con nosotros, que tocaba la ocarina y contaba unas fábulas magníficas, y lo crucé sin experimentar pánico. ¡Fue una sensación vigorizante! Una sensación de PODER. Hoy en día he llevado a todos mis hijos por esos caminos del Inca, y también a estudiantes. Voy a altas montañas de los Himalayas (India, Nepal y Tíbet) a enseñar a identificar y recoger plantas a estudiantes de Medicina Tibetana. Hoy puedo disfrutar de todo el esplendor y la belleza de esos lugares. Ya no hay valentía, hay habilidad.

LAS EMOCIONES COMO VÍA DE APRENDIZAJE

Nuestras emociones son la base de nuestra experiencia. Gracias a ellas aprendemos y recordamos mejor lo aprendido. Las lecciones aprendidas de forma séptica son conocimientos fríos y desprovistos de emociones que se olvidan a los pocos días si no son repasados periódicamente, pero los conocimientos como las experiencias vividas que han ido acompañadas de fuertes emociones quedarán grabados a fuego en la memoria.

Las emociones que acompañan al aprendizaje son como el seguro antiborrado de una cinta de vídeo, son excelentes guardianes del conocimiento adquirido.

Cada vez que nos encontramos ante una situación ya vivida o en una situación equivalente, efectuamos rápido una evaluación de la situación, y en función de lo vivido anteriormente (éxito o fracaso) seguimos con la misma respuesta-estímulo ya grabada o intentamos actuar de forma distinta. Aunque a veces no nos percatamos de la situación y actúa la respuesta-estímulo que nos conduce de nuevo al fracaso porque el miedo («no puedo asumir o afrontar tal cosa») ha actuado antes que nuestra mente analítica.

CÓMO DOMINAMOS EL MIEDO: EL EMPODERAMIENTO

En realidad, el cómo «dominamos» el miedo es el punto importante del problema. Como hemos visto, hay quienes lo convierten en un aprendizaje, una habilidad, desde una posición de poder dominan su miedo (elección, activación y acción), y otros lo convierten en un estado de parálisis e incapacidad, como yo cuando no podía avanzar por el miedo al abismo y elegía una posición de dolor (impotencia, depresión y parálisis), y aquellas dulces, cálidas y expresivas palmaditas consiguieron trasladarme del dolor al poder. Al poder interior, poder sobre el conocimiento de mis reacciones; poder de poner alegría en todo lo que hago y vivo; poder para hacer lo necesario para crecer como ser humano; poder para saber vivir en plenitud a pesar de lo que ocurra; poder para amar y ser amado; poder para respetarme y no aceptar chantajes que me devuelvan al lugar del miedo.

Hablo del poder de ser consciente de uno mismo y ser libre, ya que dejamos de esperar que los otros nos satisfagan, que nos compensen.

El poder del que hablo es la capacidad de lograr hacer aquello que uno quiere y desea de corazón. Este poder elimina la inquietud y nos coloca en un centro permanente de alta autoestima y paz interior.

Cuanto más alta sea nuestra autoestima y más auténtica nuestra autoimagen, más confiados viviremos nuestras vidas y más positivos afrontaremos cualquier circunstancia, y eso atrae como un imán a gente y situaciones positivas. Pero cuando esta positividad se transforme en poder interior, en capacidad de fe en nosotros mismos, entonces seremos auténticos.

ANSIEDAD: EL MIEDO PSICOLÓGICO

El miedo psicológico se refiere, tal como explicaba anteriormente, a pensamientos, no a situaciones objetivas con relación a algo que tal vez podría pasar; se refiere a algo que ya ocurrió tiempo atrás y podría volver a ocurrir, pero nunca a algo que está sucediendo en el momento presente, en el «aquí y ahora». En cambio, el organismo de la persona que padece este miedo se encuentra en el tiempo real mientras la mente está en otro tiempo y lugar; este estado «disociado» del presente y de la realidad objetiva es en sí mismo ansiógeno, un estado fragmentado donde nuestro cuerpo está en un lugar, por ejemplo la parada del autobús, y nuestra mente vagando de un pensamiento a otro, de un recuerdo a otro o de una anticipación de futuro a otra, creando emociones; y por último nuestras sensaciones físicas, haciéndonos vivir todo ello en un estado fragmentado.

Las sensaciones de ansiedad leve o moderada hasta llegar al pánico incontrolable están y estarán presentes en la experiencia humana. Si estas se producen en el contexto adecuado, un poco de miedo o de ansiedad aumentan nuestra atención y capacidad de respuesta ante un problema; cierto nivel de ansiedad es bueno e incluso necesario. Ahora bien, cuando esta es injustificada, excesiva y persistente, llegando a estar la mente totalmente desbordada por la necesidad de mantener el control absoluto, planificando, previniendo, evitando y luchando entre lo que es, lo que debería o podría llegar a ser, e interfiriendo en el buen funcionamiento cotidiano, podemos clasificarlo como trastorno psiquiátrico según la American Psychiatric Association.

La mente ansiosa vive para evitar cualquier peligro futuro con tal intensidad y constancia que el cuerpo termina padeciendo diferentes trastornos de ansiedad.

TRASTORNOS DE ANSIEDAD

La ansiedad, tal como hemos dicho antes, es un proceso complejo en el que se interrelacionan la fisiología (sensaciones corporales debido a la respuesta excesiva del sistema nervioso simpático), las emociones (el miedo y sus variantes), el área cognitiva (pensamientos negativos o catastrofistas sobre el futuro y elucubraciones sobre la forma de evitar que estos ocurran) y la conducta (en concreto la evitación experiencial).

CONDUCTA EVITATIVA Y EVITACIÓN EXPERIENCIAL

El comportamiento de las personas ansiosas suele basarse en una característica de respuesta especial: la conducta evitativa. Suelen evitar como sea las situaciones que les producen reacciones fisiológicas displacenteras, así como emociones y pensamientos dolorosos. Este mecanismo de tratar de eludir apartándolo de nosotros crea una paradoja curiosa: cuanto más trato de apartar de mí dichos pensamientos, sensaciones y emociones, más poder les doy tengo que gastar tanta energía mental en mantener dichos contenidos mentales fuera de la consciencia que termino ansioso, activando el mecanismo fisiológico de lucha/huida debido al temor de que estos pensamientos irrumpan en la consciencia a pesar de que no tienen ya nada que ver con mi día a día o mi realidad presente.

«Todo lo que resisto, persiste».
Jeffrey Brantley

Todos estos esfuerzos para evitar esas experiencias dirigen inevitablemente a todo lo contrario y llevan a la persona a sentirse totalmente fuera de control.

El no poder soportar e intentar evitar las experiencias temidas (sensaciones corporales, emociones, pensamientos, recuerdos…) le obliga a implicarse en alterar la forma y la frecuencia de dichos eventos, así como los contextos que los ocasionan, realizando esfuerzos conscientes para evitar esas experiencias. A eso le denominamos «evitación experiencial».

Aunque el alivio inmediato que la persona siente al evitar las situaciones externas como los contenidos internos displacenteras refuerza negativamente la situación de la que se huye, provoca la necesidad de seguir evitando y reforzando las conductas evitativas que minimicen las sensaciones displacenteras. Y ello aumenta la severidad de los síntomas.

Esta supresión circular de pensamientos y sentimientos contribuyen al desarrollo y mantenimiento del trastorno de ansiedad generalizada, fobias específicas y trastorno postraumático.

Juzgar, identificarse, temer o evitar las reacciones a las experiencias internas está asociado a un incremento del malestar y de reacciones disfuncionales. La aceptación versus evitación que con el mindfulness aprendemos induce que la persona aprenda a focalizar sus comportamientos en posiciones acordes a sus valores de vida, en lugar de gastar energía en centrarse en modificar pensamientos, sensaciones y sentimientos.

Las características más comunes de los trastornos de miedo hacia las que dirigiremos la práctica del mindfulness directamente son:
- ◆ Evitación conductual y/o experiencial.
- ◆ Rigidez cognitiva.
- ◆ Repertorio rígido de respuestas conductuales.

SESGO DE CONFIRMACIÓN O DE INTERPRETACIÓN Y ATENCIÓN SELECTIVA

El **sesgo de confirmación** es la tendencia a favorecer la información que confirma las propias creencias. La gente muestra esta tendencia cuando reúne o recuerda información de manera selectiva, o cuando la interpreta sesgadamente. Este efecto es más fuerte cuando el sujeto lee o escucha explicaciones o relatos de contenido emocional y en creencias firmemente enraizadas en él. Por ejemplo, al leer o escuchar noticias acerca de temas de género, sexuales o de tendencias políticas, las personas por lo general prefieren las fuentes que reafirman sus posturas. También tienden a interpretar que las pruebas ambiguas apoyan su postura.

Se ha invocado en la búsqueda sesgada, la interpretación y la memoria para explicar:

◆ La polarización de las actitudes: cuando un desacuerdo se hace más extremo o polarizado a pesar de que las diferentes partes están expuestas a las mismas pruebas.

◆ La perseverancia de creencias: cuando las creencias de las personas persisten pese a que se ha demostrado su falsedad.

◆ El efecto de primacía irracional: cuando se tiene mayor confianza en las primeras experiencias experimentadas con algún hecho que en las más recientes.

◆ La correlación ilusoria: cuando la gente percibe falsamente una asociación entre dos acontecimientos o situaciones.

El sesgo de confirmación contribuye al exceso de confianza en las creencias personales y puede mantener o reforzar estas creencias ante evidencias contrarias.

La **atención selectiva** es la actividad que pone en marcha y controla todos los procesos y mecanismos por los cuales el organismo procesa tan solo una parte de toda la información, y/o da respuesta tan solo a aquellas demandas del ambiente que son realmente útiles o importantes para el individuo.

La atención selectiva implica:

1. La selección de los estímulos que se presentan en el ambiente.

2. La selección del proceso o procesos y/o respuesta o respuestas que se van a realizar.

Existe una clara función adaptativa entre ellas. La primera selección evita la sobrecarga del sistema cognitivo. La segunda favorece que no se produzca una parálisis del organismo cuando el medio ambiente requiere simultáneamente respuestas incompatibles.

La atención selectiva conjuga:

1. Atención focalizada: centrar la atención en unos pocos estímulos de todos los que nos ofrece el ambiente y/o en las respuestas que se han de ejecutar.

2. Ignorar cierta información o no llevar a cabo ciertas respuestas. Esta situación es importante cuando el ambiente nos pide muchas respuestas al mismo tiempo.

Gracias a la atención selectiva ignoramos los ruidos del ambiente o la incomodidad de los asientos de una sala cuando estamos escuchando a un conferenciante que nos interesa, pero debido a ella solo recordaremos o interiorizaremos las informaciones que coincidan con nuestras creencias internas (sesgo de confirmación).

Esto nos lleva a afirmar que una de las características comunes a el miedo y a los trastornos de ansiedad derivados de él es que la atención selectiva del sujeto está enfocada (visión en túnel) a estímulos amenazadores, sesgo que implica ver peligros en situaciones normales o a tener una hipersensibilidad hacia el medio interno o externo en relación a dichos estímulos.

Las personas con trastorno de ansiedad generalizada asocian los estímulos y sensaciones físicas de un estado normal de preocupación a un estado de peligro.

Las personas con trastornos por estrés postraumático corresponden a un sesgo atencional de los estímulos relacionados con su trauma en concreto (robo en el hogar, accidente de tráfico, guerra…).

Las personas con fobia social dirigen su sesgo atencional al reconocimiento facial que exprese crítica, rechazo o censura en una atención excesivamente centrada en sí mismos.

Las personas con pánico centran su atención selectiva a los estímulos físicos asociados con amenaza, y muestran una hipervigilancia ante cualquier respuesta física de sensaciones de taquicardia, aceleración de la respiración, sudoración, mareo, etc.

Pero debemos tener en cuenta que los trastornos de ansiedad no solo se deben a la inflexibilidad y rigidez de la atención que presentan, sino también a la interpretación de estos estímulos como amenazadores (sesgo interpretativo), asociando ciertas sensaciones físicas como algo catastrófico o terrible. Y todo ello unido a la característica común de estar enfocando los pensamientos al futuro con expectativas de resultado catastrofistas y negativas.

Por todo ello, es esencial reeducar la atención y enseñar a centrarse en el momento presente, disipando de este modo las consecuencias negativas de dicho repertorio de pensamientos negativos. Y aquí es fundamental la práctica del mindfulness, la atención plena o estar en el momento presente.

CAPÍTULO 5
EL PODER DE LAS PALABRAS

La forma en que usamos nuestras palabras hace que nuestra calidad de vida y de relaciones varíe mucho. No nos damos cuenta, pero a lo largo del día hablamos bastante, al igual que tampoco tenemos consciencia del impacto de nuestros mensajes tanto en nuestro subconsciente como en los demás. Hay personas que no dejarán de quejarse por todo y de todo, otras que no pueden evitar criticar a otras a sus espaldas, y las que todo el día se lamentan de lo que les sale mal y lo torpes que son.

Nuestro lenguaje no verbal es también una parte importante de la comunicación con los demás. Sin darnos cuenta, expresamos con nuestro cuerpo, nuestra cara, gestos y miradas de miedo o agresividad, tranquilidad y simpatía…

También debemos prestar atención a la construcción de las frases que pronunciamos. Podemos decir: «Cierra el aire acondicionado, me molesta el aire frío». O bien: «¿Te importaría si cerráramos el aire acondicionado, pues me resfrío con mucha facilidad con los acondicionadores de aire?».

Sigmund Freud opinaba que las palabras son el instrumento básico de la consciencia humana y como tal tienen poderes muy especiales: «Con ellas podemos darnos unos a otros la mayor felicidad o la más grande de las desesperaciones, con ellas imparte el maestro sus enseñanzas a sus discípulos, con ellas arrastra el orador a quienes le escuchan, determinando sus juicios y sus decisiones. Las palabras apelan a las emociones y constituyen, de forma universal, el medio a través del cual influimos sobre nuestros congéneres».

Unas pocas palabras pueden mejorar la vida de alguien, convirtiendo alguna creencia limitadora en una perspectiva más clara que nos permita nuevas y mejores opciones. Las palabras adecuadas pronunciadas en el momento oportuno tienen el poder de cambiar una vida. Pero también pueden resultar dolorosas, destructivas y limitadoras. El filósofo griego Aristóteles nos decía: «Las palabras habladas son los símbolos de la experiencia mental, mientras que las palabras escritas lo son de las palabras habladas».

Por lo tanto, las palabras tienen poder porque constituyen una parte crucial de la propia experiencia mental. Hablar de algo hace más que reflejar nuestras percepciones; en realidad puede crear o modificar las percepciones, ofreciéndonos a través del lenguaje un proceso de cambio y superación.

AFIRMACIONES PARA AVANZAR

Las sensaciones y pensamientos activados por situaciones concretas, particulares (por ejemplo, tener que ir en metro, subir en ascensor, pensar en el viaje en avión del verano), son el resultado de nuestra interpretación consciente e inconsciente de la propia situación.

Nuestras interpretaciones están basadas en pautas de pensamiento automáticas. La pauta de comportamiento aprendido reside en el hecho de que los pensamientos son frases silenciosas que nos decimos nosotros mismos.

Las emociones están parcialmente controladas por la interpretación consciente de la situación. Las afirmaciones que utilizamos para tranquilizarnos cuando nos sentimos asustados nos ayudan a reinterpretar la situación, que al oírnos deja de parecernos tan alarmante. Pero tu miedo, tu ansiedad también es consecuencia de la serie de afirmaciones negativas que automáticamente repetimos una y otra vez en el interior de la mente.

AFIRMACIONES POSITIVAS → Autoafirmaciones → Poder personal
AFIRMACIONES NEGATIVAS → Autodiscurso negativo → Miedo y dolor

Ejemplos más comunes del autodiscurso negativo y autoafirmaciones que dan poder personal:

Autodiscurso negativo (Dolor)	Autoafirmación positiva (Poder personal)
Esto es terrible	Es una experiencia de aprendizaje
No lo conseguiré	Lo intentaré
No puedo	No lo haré
No logro superarlo	El tiempo me ayuda, aprendo
¿Cuándo terminará esto?	Nada es eterno, todo acaba. Encuentro soluciones
Yo debo/debería	Yo puedo/podría
Tengo/tendría que	Yo quiero
No es culpa mía	Soy totalmente responsable, aprendo
Es un problema	Es una oportunidad
Yo espero	Yo sé
¿Qué haré?	Sé que puedo
Nunca estoy satisfecho	Quiero aprender y crecer
Si tan solo	La próxima vez
La vida es una lucha	La vida es una aventura

Las palabras de las autocríticas negativas son aprendidas, alguien en nuestra infancia nos las transmitió y nos ayudan a seguir estancados en nuestros miedos.

La frase «Esto es terrible» suele utilizarse de forma inadecuada y asociada a situaciones que pueden ser incómodas o molestas, pero para nada terribles. «He perdido el autobús al ir hoy al trabajo, ¿verdad que es terrible?». Incómodo, un fastidio, sí, pero ser terrible, evidentemente no. «He engordado este fin de semana. Es terrible». Engordar puede ser muchas cosas, pero vuelvo a insistir, no terrible.

Cuando nos referimos a las cosas triviales o posibles como «terrible», nuestro subconsciente está registrando: desastre…, desastre…, y tú lo vives como un desastre. Sustituye tu «terrible» por «Es un aprendizaje».

Sigamos analizando nuestras autocríticas. «No puedo» significa que tú no controlas tu vida, cuando realmente los «no puedo» son «no me apetece hacerlo» o «no quiero hacerlo».

«No lo haré» nos sitúa en una posición de dominio, de capacidad de elegir. Cuando nos repetimos «no puedo», el subconsciente se lo cree y registra: soy débil…, débil…, pero tal vez hemos utilizado el «no puedo» para esquivar una situación incómoda, como por ejemplo rechazar una simple invitación a cenar.

En la frase «No puedo ir a cenar esta noche a tu casa, mañana tengo una entrevista», tu subconsciente ha registrado tu incapacidad, eres una impotente víctima. Jamás utilices un «no puedo», expresa tu necesidad: «Me gustaría ir a la cena, pero mañana tengo una entrevista importante para mí. Me sentiré más seguro si me preparo esta noche. Confío en que me volverás a invitar». Nuestro subconsciente nos ha oído exponer nuestro deseo y esta opción nos da poder interior.

Otra palabra que arrebata el poder es «debería». Nos mueve sentimientos de culpa y desconcierto. «Debería ir a visitar a mi tía al hospital» tendría que sustituirse por «Podría ir a visitar a mi tía al hospital, pero hoy prefiero quedar con mi amiga para tomar un café». Ponemos las cosas en el dominio de la elección en vez del de la obligación.

«No es culpa mía» es otra de esas frases que jamás deberíamos pronunciar. Nos mueve el sentimiento de desamparo. Por ejemplo: «No es culpa mía si estoy enfermo» o «No es culpa mía si no encuentro trabajo». Si quieres salir de la impotencia, asume tu responsabilidad en lo que te suceda a lo largo de la vida; aceptar la responsabilidad nos permite entender qué ha ido mal y poder cambiarlo en el futuro. Di desde hoy: «Soy totalmente responsable de mi enfermedad, puedo cambiar mis hábitos», «Soy responsable de mis trabajos. En cada entrevista o currículum vitae enviado aprendo a hacerlo mejor».

La frase «Esto es un problema» nos hunde, abre la puerta a la superación y piensa: «Esto es una oportunidad».

«Confío» es otra palabra victimizante, cámbiala por «sé», una palabra que tiene poder.

La frase «Confío en encontrar una pareja», ¿cómo te suena?, ¿cómo te sienta en el cuerpo? «Sé que encontraré una pareja» suena mejor y el cuerpo siente la energía de quien está convencido de que va a ocurrir.

«¿Qué haré?» es un gimoteo, el miedo rezuma por todas partes. «Sé que puedo afrontarlo». En lugar de «¿Qué haré? He perdido mi empleo», di: «He perdido mi empleo. Sé que puedo afrontarlo».

Al aprender a cambiar nuestro vocabulario aprendemos a reeducar a nuestro crítico interno. A veces es difícil encontrar pensamientos alternativos. Para que realmente nuestros nuevos pensamientos nos sirvan deben ser realistas y nos tenemos que sentir cómodos con ellos.

«Tú creas tu propio universo a medida que avanzas».
Winston Churchill

✐ Ejercicio. Las tarjetas de las autoafirmaciones

Ya que los pensamientos fluyen de forma automática, al principio resulta difícil pensar en frases poderosas cuando el miedo aparece. El remedio está en prepararnos tarjetas de color amarillo con nuestras frases positivas.

Realicemos una lista de frases de poder personal relacionadas con nuestros miedos, recítala cada noche durante 21 días antes de acostarte. ¡Debe de ser lo último que hagas antes de dormirte! Durante el día podemos repasar mentalmente la lista mientras realizamos alguna actividad rutinaria.

Al principio puedes trabajar con la lista y los ejemplos que encuentras en el libro (mira la lista de autoafirmación positiva del siguiente capítulo), después debes empezar a crear y usar frases que espontáneamente te hagan sentir bien, poderoso/a, en paz.

Escoge de la lista algunas frases que puedan serte útiles cuando el miedo aparezca en tu mente y en tu cuerpo. En ese instante no estarás para memorizar, así que echa mano de tus tarjetas y léelas hasta que se restablezca el poder interior.

En lugar de pensar en el miedo piensa en el coraje. Piensa en la alegría en lugar de pensar en la tristeza.

CAPÍTULO 6
PUEDES CAMBIAR

«Un problema siempre es una oportunidad para que te autorealices».

Uno de los instintos básicos humanos es el de mejora del individuo, de manera que el crecimiento personal y la superación de obstáculos nos ayudan a evolucionar como especie. Nuestra superación individual repercute en la evolución grupal desde hace miles de años.

Los instintos de mejora del individuo y de la especie son:

◆ *Instinto de curiosidad.* Atracción hacia lo nuevo, deseo de ampliar el campo de experiencias.

◆ *Instinto de imitación.* Ante lo desconocido, si el individuo tiene a otro sujeto a quien observar, lo imitará instintivamente.

◆ *Instinto de juego.* Solo aparece en los mamíferos. Es experimentar el placer de tocar objetos y seres vivos para compartir con ellos la búsqueda de nuevas experiencias. Es el camino para aprender.

Todo tiene un motivo, es nuestro viaje evolutivo, así que podemos deducir que «todo lo que nos ocurre es por nuestro bien» (evidentemente evolutivo, no solo material).

El único error que cometemos es intentar ignorar esta dinámica. Lo que llamamos errores, fracasos, situaciones terribles, etc. no es más que información útil que nos indica con qué aspecto de nuestra existencia no estamos en armonía. Es un auténtico *feedback* de acierto y error, de señal de alerta de que algo no lo abordamos de forma útil y saludable para nosotros.

El cambio es la única constante en el universo, y por extensión en nuestra vida. Vivir es encarar un reto tras otro, o si quieres aún podemos llamarle «problema»; lo que marcará la diferencia entre el dolor y el poder será la forma en que los afrontes.

«El secreto de la vida no es hacer lo que te gusta,
sino que te guste lo que haces».
Buda

Palabras que sustituyen los problemas del miedo asociados a los «debería», «debo», «tengo que»… son «me gusta», «escojo», «decido», «prefiero», «elijo»…

Ejemplo de lista del cambio del «debo» y «tengo»:

Si piensas	Tus frases
Tengo que ser valiente	Me gustaría ser valiente
	Quiero ser valiente
	Prefiero ser valiente
Debería ser más resolutivo	Elijo ser más resolutivo
	Quiero ser más resolutivo
	He decidido ser más resolutivo
Él debería ser atento	Me gustaría que él fuese atento
	Preferiría que él fuese atento
	Sería maravilloso que él fuese atento
Ellos tendrían que ser justos	Preferiría que ellos fuesen justos
	Quiero que sean justos
	Desearía que ellos fuesen justos

Lista ejemplo a escribir y repetir durante 21 días para sustituir los «debo» y «tengo»:

- ◆ Elijo vivir tranquila y relajadamente.
- ◆ Escojo cómo reaccionar frente a las situaciones.
- ◆ Me autorizo a decidir lo que quiero hacer.
- ◆ Acepto mi poder de escoger lo que deseo hacer.
- ◆ Asumo con felicidad la responsabilidad de mis emociones.
- ◆ Me permito expresar mis sentimientos.
- ◆ Alejo mis pensamientos negativos y escojo vivir en armonía conmigo mismo/a.
- ◆ Quiero ser feliz o escojo ser feliz.
- ◆ Quiero que mi mente vea la armonía que hay en todo lo que me rodea.
- ◆ Escojo quedarme con lo bueno que la vida me ofrece.

Con el tiempo fabricarás una lista más adecuada a ti. Esta es *prêt-à-porter*, tú te mereces alta costura, por eso, cuando domines la técnica es mejor que tú mismo crees tu lista.

> **Tarjeta de frases: autoafirmaciones**
> - ◆ Soy un adulto y eso me autoriza a elegir lo que hago, cuándo y dónde o con quién.
> - ◆ Acepto mis errores y aprendo de ellos para hacerlo mejor la próxima vez.
> - ◆ Elijo crear paz en mi interior.
> - ◆ Perdono a (mi enemigo, a mi jefe, a mi chantajista…), pero acepto que no es mi amigo.
> - ◆ En esta situación opto por ser feliz.
> - ◆ Decida lo que decida, será bueno para mí.

PARA COMBATIR LOS PROBLEMAS DEL MIEDO ASOCIADOS AL «NO PUEDO»

Cuando usamos el «no puedo» estamos describiendo una necesidad, un deseo, una opción o una decisión, que no es otra forma más que un pensamiento de «debo» o «debería». En la medida que debemos o no podemos, recreamos una ilusoria sensación de que no poseemos control o responsabilidad sobre esa área de nuestra vida, con lo que perdemos la capacidad de cambiar y ejercer poder sobre ella. En este estado de pensamiento no podemos reconocer que la vida no es más que una serie de opciones.

Cambia las palabras «no puedo» por «no quiero», «no me gusta» o «no me apetece». Recuerda, «escojo yo», así recuperarás el poder que necesitas para cambiar tu vida.

Ejemplo de lista del cambio del no puedo:

Si piensas	Tus frases
No puedo ir al instituto	No quiero ir al instituto
	No tengo ganas de ir al instituto
	No iría al instituto
No puedo conducir	No conduciré
	No me gusta conducir
	Escojo no conducir

Autoafirmaciones:

◆ Aunque noté algo de ansiedad, lo hice. Jamás permitiré que me frene.

◆ Fue más fácil de lo que me pensaba.

◆ Aún puedo sorprenderme y dar otro paso hacia delante.

◆ Las nuevas habilidades funcionan. ¡He sido capaz de hacerlo!

◆ Cada día que pasa lo hago mejor.

◆ Me sale mejor cada vez que uso mis nuevas habilidades.

◆ He dado otro paso hacia delante.

◆ Estoy encantado con los progresos que estoy realizando.

Frases para el miedo de que todos los errores son terribles:

◆ Está bien cometer errores, todo el mundo los comete.

◆ Los fracasos son una parte del proceso de aprendizaje.

◆ La mayoría de los errores carecen de importancia.

◆ Los errores son perlas de sabiduría.

◆ Aprendo de mis errores y progreso en la vida.

◆ No existen los fracasos, son oportunidades de mejorar.

Ejercicio. Los tres pasos para perder el miedo a los errores/fracasos

PASO 1: ¿Qué ha sucedido?
Será difícil ser objetivo en este paso, ya que la reprobación es el hábito del miedo al error/fracaso. No hay que reñirse, hay que encontrar positivamente por qué se cometió el error. Piensa en lo que le dirías a tu mejor amigo/a.

PASO 2: ¿Puedo arreglarlo?
Cuando sea posible ponerle solución, tómate un tiempo para valorar si eso será positivo para ti. Algunas veces, corregir un error necesita de tanta energía, tiempo y dinero que no merece la pena hacerlo. Para poder soltar necesitas salir del sentimiento de culpa/reparación.

PASO 3: ¿Qué haré de distinto la próxima vez?
Después de considerar las acciones nuevas, tómate el tiempo que necesites imaginando lo que dirás o harás con el máximo de detalle posible.

Repítelo mentalmente, tanto las palabras como las acciones, varias veces. Y por último, céntrate en lo positivo, tómate cada vez que finalices una actitud tiempo para buscar y encontrar algo positivo en ella. Escribe un listado de lo positivo en una libreta y léela de vez en cuando.

Frases para combatir el miedo a la desaprobación y al rechazo:

◆ El rechazo forma parte de las opciones de la vida. Yo también elijo.

◆ Es imposible gustar a todo el mundo, a mí tampoco me gustan todas las personas.

◆ El rechazo ha dejado de afectarme, ahora me apruebo y me valoro yo mismo.

◆ Si alguien no me acepta tal como soy, lo mejor es canalizar mi energía en otra persona o entorno. Tiene y tengo derecho a elegir con quién estoy.

◆ El rechazo y la desaprobación son limitaciones en la mente de los otros, imágenes de los defectos de ellos proyectados en mí.

DEFINIR OBJETIVOS, DEFINIR BENEFICIOS

Una vez estás dispuesto a pasar a la acción, un gran estimulador del poder personal es definir las situaciones que queremos eliminar sustituyéndolas por objetivos específicos. Ten presente la frase: «Si no tienes un objetivo, nunca llegarás a ninguna parte».

Haz una lista de situaciones, objetos, personas, pensamientos y acontecimientos que te están paralizando, y para cada uno de los puntos define un objetivo que quieras alcanzar. El objetivo tiene que estar bien explicado, claro, concreto y conciso. Debes comprometerte con él, debe ser a largo plazo, estructurado en pasos intermedios y siempre expresado en términos positivos.

Una vez completada la lista de objetivos que deseas alcanzar, prepara otra de los beneficios que obtendrás cuando los logres. Para ello, céntrate en los emocionales, no solo en los económicos.

Reeducar conductas implica tenacidad y perseverancia, pensar en los beneficios emocionales que se obtienen al alcanzar los cambios es un motivador eficaz. Los problemas de la lista que realmente no interfieran en tu vida, y que cambiarlos no aporte ningún beneficio real, táchalos, no son realmente problemas. Concéntrate en los objetivos que te aporten beneficios auténticos.

A la hora de escribir en términos positivos nuestros objetivos es importante omitir las frases negativas como «No tendré miedo de subir a mi coche», ya que tu subconsciente va directamente al grano, y este lo traduce en «Tengo miedo de subir a mi coche». Un ejemplo: ¡**no** pienses en un perro verde!, ¡**no** pienses en una manzana roja!

No lo has podido evitar, seguramente has pensado en el perro verde y en la manzana roja, incluso destacando en negrita el «no». No me importa pecar de pesada porque el 95% de la población mantiene «conversaciones negativas».

Céntrate en lo que quieres en lugar de en aquello que no quieres.

Hasta la edad de ocho años hemos escuchado más de cien mil veces la palabra «no». Nuestro cerebro está condicionado para mantener conversaciones negativas. ¿Cuántas veces habéis dicho «No quiero engordar» en lugar de «Quiero estar delgada»?

Ejemplos de definir objetivos específicos:

◆ Quiero pasear en coche conduciendo yo, tranquilamente hasta la playa más cercana.
◆ Quiero ir a un centro comercial.
◆ Quiero reunirme con compañeros del trabajo y tomar café.
◆ Quiero estar relajado/a en compañía de desconocidos.

Ejemplos de definir beneficios:

◆ *Voy a ser capaz* de ir en coche con mis hijos y acudir a lugares que me apetecen.
◆ *Podré* llevar a mis hijos a jugar a su parque preferido y les veré felices.
◆ *Disfrutaré* de poder renovar mi ropa, de comprar regalos para mi familia y mis hijos.
◆ *Seré capaz* de tener un buen ambiente en el trabajo, creando buenas relaciones.

Como ejemplo de fijar metas (a largo y medio plazo), utilizaremos la exposición gradual: «Quiero conducir mi coche tranquilamente hasta la playa que está a dos kilómetros». Si fijo esta meta como objetivo es que debo tener miedo a conducir, por ejemplo por un ataque de ansiedad vivido conduciendo o por un accidente que me asusto.

1. Sentarse durante diez minutos en el asiento del conductor notando el volante en las manos y los pedales en los pies. Repetirlo hasta que nos deje de causar ansiedad.
2. Conducir el coche dentro del parking hasta la rampa o en un camino particular al que nos habrá llevado un amigo/a o nuestra pareja, colocarnos al volante y conducir marcha atrás

unos metros y regresar al punto de partida. (Comenzar marcha atrás desenfoca el miedo).

3. Conducir marcha atrás en el parking hasta la calle y salir a ella, y luego regresar (lo mismo en el camino saliendo a la carretera). Repetirlo hasta que la ansiedad disminuya.

4. Conducir alrededor de la manzana, primero acompañados. Unos días más tarde, hacerlo solos, sabiendo que alguien nos espera en la puerta de casa.

5. Conducir alejándose dos manzanas y regresar, sin compañía. Repetirlo hasta que nos sintamos más cómodos.

6. Ir al cine. Ya estamos preparados. ¡A celebrarlo!

CAPÍTULO 7

DECIR SÍ A LA VIDA

En psicología se utiliza el término «anticipación negativa» para describir la tendencia a dar demasiadas vueltas a los acontecimientos desagradables (preocupaciones) o hechos terribles que podrían suceder en el futuro. La anticipación negativa es una de las características principales, tal como ya he explicado, de los trastornos asociados con la ansiedad y por extensión al pánico.

Cuando somos prisioneros de la anticipación negativa descubrimos a nuestro crítico interior preguntándose: «¿Qué pasaría si...?».

Imaginaros que tenemos miedo a sentirnos ansiosos o incómodos en casa de un amigo, de los abuelos, etc. Mientras nos vestimos y preparamos para ir a su casa, nuestro crítico nos ataca haciéndonos preguntas del tipo: «¿Qué pasará si llego a sentirme ansiosa en casa de mi tía?». En lugar de reflexionar objetivamente, nos lanzaremos a la conclusión de que inevitablemente llegaremos a sentirnos ansiosos e incómodos (adivinación), y lógicamente para nosotros será lo peor que nos pueda suceder (catastrofización) y lo convertiremos en un absoluto fracaso en la vida. Pensamiento de debería/debo en forma de todo o nada: «Debería estar serena y equilibrada (en todo lo que hago) en casa de mi tía. Debería ser perfecta y no tener un problema como este».

Ser un realista positivo no quiere decir ser un iluso ni mirar el mundo con gafas de color rosa pasando por alto los peligros y los problemas; significa abordar la vida de frente, centrándose en las soluciones y posibilidades, prioritariamente, en lugar de en los aspectos alarmantes o en las dificultades.

Cuando desarrollamos esta actitud desaparecen las distintas formas de negativismo, y nos encontraremos tratando con la gente y los problemas de forma más efectiva y experimentando una sensación de gozo por nuestra vida.

Vamos a trabajar de maneras diferentes la reducción de la preocupación (una de ellas va a ser la reeducación con mindfulness), adoptando las distintas estrategias a medida que se vayan superando las etapas de dificultad para consolidar la nueva conducta.

Veamos las distintas formas de convertirnos en un realista positivo.

> *«El pesimista se queja del viento; el optimista espera que cambie; el realista ajusta las velas».*
> W. George Ward

✎ Ejercicio. El análisis en cuatro pasos

Si te sientes preocupado, angustiado o temeroso con algo terrible o desagradable que temes que pueda ocurrir, haz una evaluación objetiva utilizando el análisis en cuatro pasos.

PASO 1
Determinar las probabilidades. Calcular de manera realista la probabilidad de que la situación o el acontecimiento temido ocurran realmente. Por ejemplo: «Hay un 50% de posibilidades de que "esto" ocurra», o «un 10%», etc.

Recordemos que, cuando tenemos miedo al fracaso, contestaremos que hay un 50% de probabilidades de que algo salga mal. Pero si a continuación nos preguntamos cuántas veces hemos fracasado en el pasado, la respuesta suele ser «nunca» o «una vez» (una única vez). Esto ocurre porque basamos las probabilidades en el sentimiento de certeza de que fracasaremos en lugar de ser realistas y basarnos en experiencias pasadas de éxito. Einstein nos explicó que «el 90% del tiempo lo dedicamos a preocuparnos por cosas que jamás ocurrirán».

Escribe un diario con tus predicciones negativas y al lado cómo ocurrieron realmente las cosas; educarás tu hemisferio positivo y acallarás el negativo. Fíjate y escribe en tu diario tus aciertos, logros y superaciones diarias.

PASO 2

Evaluar las consecuencias. Se trata de considerar «lo terrible» del acontecimiento. Es evaluar las consecuencias que ocurrirán si lo que nos preocupa llega a suceder realmente.

Pregúntate: «En una escala del 1 al 10, donde 10 es lo más grave que puede suceder, ¿cómo puntuaría este fracaso (error, ridículo...)?». Normalmente tendemos a magnificar, así que seguramente, si tenemos miedo a fracasar en público, nuestra valoración será de 10, pero si nos piden (te pido) que lo comparemos con aspectos como padecer un cáncer, perder a una persona amada de forma trágica, etc., contestaremos alterando la puntuación descendiendo a un 3 o un 2 únicamente. Cuando evaluamos el grado de insoportabilidad o atrocidad de una situación, el 10 es siempre lo peor, lo más doloroso que puede ocurrir, pero si compara la situación con cosas consideradas por nuestra sociedad como horrorosas, por ejemplo, una guerra, eso te ayudará a evitar la magnificación catastrófica.

PASO 3

Desarrollar un plan. Las personas catastrofistas suelen quedarse atrapadas en los dos pasos anteriores. Sin querer, entran en el bucle de la idea del suceso, una y otra vez van repitiéndose lo terrible que temen que les pase, quedando traumatizados y agotados.

Si observamos a alguien que no se preocupa de forma exagerada por las cosas y cómo aborda una posibilidad negativa, vemos que escoge las opciones realistas de la posibilidad y analiza el grado de desastre que supone si llega a suceder lo negativo. Y pasa el tiempo sopesando las dos situaciones previas: «¿Qué puedo hacer para prevenir...?» y «¿Qué haría si realmente sucede?».

Por ejemplo, un estudiante que está preocupado por si aprobará el curso o no, puede realizar una lista con las cosas efectivas que puede hacer para estudiar o para pedir ayuda.

PASO 4

Plan de acción en caso de que lo temido ocurra. Es necesario centrarse en la lista a acciones útiles que podemos realizar. Hay que ser concretos y específicos. El estudiante de nuestro ejemplo anterior se recordaba a sí mismo que suspender no significa la muerte o el fin del mundo. Significa únicamente repetir unas cuantas clases, y si lo comparas con el resto de toda una vida, queda minimizado.

Ejemplo: miedo a sufrir ansiedad estando en casa de alguien.

PASO 1: «Recuerdo las veces que me he sentido ansiosa en casa de mi amiga, por lo que podría ocurrirme hoy. Pero desde que estoy utilizando mis nuevas habilidades consigo sentirme bien en los sitios y con los amigos. Le asignaré un 15% a la posibilidad de que me ocurra».

PASO 2: «¿Cuánto de horrible es que me ocurra? Sería molesto y algo frustrante, pero puedo soportarlo. ¿Saldría perjudicada o rechazada? No. Sentir ansiedad no es tan horrible, es más bien un fastidio, me ha ocurrido otras veces y sé que siempre desaparece. Solo tengo que recordarme que estoy bien, que todo empieza y todo acaba; busco con qué distraerme y sé que la tensión se esfuma y me siento bien».

PASO 3: «Sé que la ansiedad aparece cuando comienzo a leer los pensamientos de los amigos reunidos. Pienso que todos están pendientes de mí, verán que me sonrojo y me critican por ello. Luego sé que comienzo a criticar todos mis fallos: "He hablado tarde"; "He subido la voz"... Llevaré encima mis tarjetas con las frases que me suben la autoestima y las que me recuerdan que no es anormal ni malo sufrir un poco de ansiedad.

> Antes de salir me cambiaré el reloj de muñeca para acordarme cada vez que mire la hora que "todo empieza y todo acaba, así que puedo estar tranquila"».
>
> PASO 4: «Si se me dispara la ansiedad puedo disculparme unos segundos o ir al baño y utilizar las habilidades apuntadas en mis tarjetas. Y en última instancia puedo decirle a mi amiga que me gustaría quedarme pero que prefiero marcharme a casa. La llamaré más tarde y ya estaré bien».

Y, como último recurso, podemos utilizar el «¿y qué, si...?». En la anticipación negativa solemos utilizar pensamientos y afirmaciones que comienzan por «¿y si...?», que generan adrenalina y aumentan los estados de ansiedad. Una forma infalible para vacunarnos de los efectos nocivos del «¿y si...?» es utilizar un «¿y qué, si...?».

Cuando pensemos «¿y si mi respiración se vuelve ansiosa?», inmediatamente lo convertiremos en un «¿y qué, si mi respiración se vuelve ansiosa?». Los pensamientos «¿y qué, si...?» tienden a serenar nuestro estado de ánimo, y podemos aún más aumentar su efecto pacificador del ánimo si le añadimos una autoafirmación.

ACEPTAR LA INCERTIDUMBRE

Los miedos que generan la anticipación negativa son frecuentemente los que nos exigen un grado de certidumbre (control) que es inalcanzable. Necesitamos estar seguros cien por cien de que no sucederá lo que tememos. No aceptamos que la verdad de la vida es su incertidumbre y que el equilibrio de nuestras emociones pasa por aceptarlo.

La verdad es que el entorno nos lo pone bastante difícil; la publicidad que nos invade, los programas de televisión, las películas, las farmacéuticas, refuerzan el espejismo de que todos los problemas son evitables, que la vida debe ser segura y maravillosa. Debido a esta ilusoria creencia de obligada seguridad y bienestar desarrollamos la tendencia a culpabilizar a alguien cuando algo sale mal porque los accidentes «no deberían ocurrir».

«El miedo siempre está dispuesto a ver las cosas peor de lo que son».
Woody Allen

Aceptar los peligros y los riesgos inevitables de la vida es básico para poder vivir de forma plena y creativa. Recuérdate que las cosas «son como son y siempre son para mejorar, aunque aún no lo veamos».

En la aceptación de la incertidumbre, las prácticas del mindfulness nos serán de gran ayuda, ya que una de las cualidades inherentes de la atención plena es la aceptación de las cosas tal y como son, aceptación del momento presente.

Podemos considerar al mindfulness como el arte de la práctica de la atención afectuosa hacia todo lo que nos ocurre mientras vivimos.

Compasión o bondad hacia uno mismo para sentirse seguro

Entenderemos la palabra «compasión» en el sentido de empatizar con el sufrimiento propio y ajeno. Es un sentir amor bondadoso, tanto por nosotros como por los propios contenidos de la consciencia que han creado nuestro sufrimiento.

Cuando hablamos de compasión no nos referimos a la pena que podemos sentir ante los demás por su salud, situación económica o por su sufrimiento, sino como un sentimiento interior que implica apertura a la «simpatía y ternura» de nuestro corazón frente a la aflicción.

La compasión no es la autoafirmación de nuestro yo o lo que entendemos por autoestima, es una disposición hacia nosotros mismos de cariño, ternura, predisposición a cuidarnos y apoyo incondicional también ante cualquier ser que sufre o ante una situación de sufrimiento. Lo mejor es que cuando la desarrollamos hacia nosotros mismos durante la práctica del mindfulness, termina abarcándolo todo y a todos.

Para vencer el miedo con mindfulness debemos aprender a ejercitar la observación, el estado de presencia y la desidentificación para cultivar la compasión y la apertura hacia todas sus experiencias.

> «Sostener el miedo, la ansiedad o el pánico con bondad y compasión
> es algo muy poderoso. Ese dolor que representa el miedo
> también demanda amor y compasión».
> Jeffrey Brantley[6]

---

6 *Calmar la ansiedad*. Ediciones Oniro, 2010.

CAPÍTULO 8

FUNDAMENTOS DEL MINDFULNESS

«No hay nada bueno ni malo;
es el pensamiento humano el que lo hace aparecer así».
Hamlet, acto II

Vamos a entender algo más la definición del concepto mindfulness. Jon Kabat-Zinn, de quien hemos hablado anteriormente, lo resumió así: «Prestar atención de manera intencional al momento presente, sin juzgar».

El presente es una combinación de nuestros eventos externos e internos. Los eventos externos son lo que estamos haciendo ahora (leer, pasear, comer, conducir, escuchar), mientras que los eventos internos son lo que pensamos y como nos sentimos en este momento.

Ayudándonos de los 7 fundamentos mindfulness, podemos decidir cómo es nuestro momento: agradable o desagradable.

LOS 7 FUNDAMENTOS MINDFULNESS

La práctica de estos 7 fundamentos nos lleva a la introspección, a la toma de consciencia de nosotros mismos, a la amplitud de la propia consciencia con el propósito de estar más presente en lo que ocurre. Son los siguientes:

1. No juzgar.
2. Paciencia.
3. Mente de principiante.
4. Confianza.
5. No esforzarse.
6. Aceptación.
7. Ceder, dejar ir.

Una trampa habitual es la costumbre de clasificar y juzgar nuestras experiencias, que nos lleva a reaccionar de manera mecánica.

1. No juzgar

Para aprender a no juzgar, primero hemos de aprender a no juzgarnos. Lo habitual suele ser criticarnos todo el día, dejando libre a nuestro crítico interno; enjuiciamos las ideas y pensamientos que saltan inconscientemente ante cualquier acción que realizamos, palabra que decimos o pensamiento sobre nosotros mismos. Si prestamos atención a lo que pensamos, descubriremos ciertos juicios hacia nosotros, y en la medida que se practica el «darse cuenta» del tipo de pensamiento que es, podremos usar el discernimiento.

En el momento que somos capaces de darnos cuenta que estamos emitiendo un juicio sobre nosotros mismos o sobre lo que sea, podremos cambiarlo, suavizarlo, ponerle amabilidad, no rechazarlo y dejar que se desvanezca por sí mismo.

Conforme aprendas a ver cómo son tus juicios hacia ti, a reconocerlos, irán disminuyendo simplemente porque a nadie le gusta que le juzguen, ni siquiera uno mismo.

Si educamos la mente de manera que cada vez que emita un juicio salte una alarma, un aviso, el mero hecho de reconocerlo, de haberlo detectado, disminuirá los juicios.

Al lograr emitir menos juicios sobre uno mismo, emitimos menos juicios hacia los demás, siendo al mismo tiempo una forma de no pensar tanto en los demás, de no dejar que los pensamientos intrusivos o de angustia entren en nosotros, por lo que dedicaremos ese tiempo a otras tareas.

Una de estas tareas es ser más amables con nosotros mismos. Dedicar más tiempo a ser amables con nosotros quitará tiempo a enjuiciarnos y tu vida, nuestra vida, será más serena.

El hecho de darte cuenta de cómo piensas te permite decidir si sigues pensando en el mismo pensamiento o lo cambias.

Ejercicio. No hacer

Siéntate de manera normal, no hace falta que lo hagas de ninguna forma especial. Cierra tus ojos y permanece sentado uno o dos minutos. No pasa nada si un montón de ideas vienen a tu mente, deja que vengan y se vayan solas, pero observa lo que se siente permaneciendo en calma, sin hacer nada, uno o dos minutos.

Apunta en una hoja qué has sentido: ¿necesidad de hacer algo?, ¿paz?, ¿mantenerte ocupado?...

Ejercicio. Los sentidos

Sentado, concéntrate con suavidad en uno de los cinco sentidos, preferiblemente en el oído o la vista.

Concéntrate en los sonidos de fondo con los ojos cerrados o céntrate en un objeto en particular de la habitación en la que estás.

Si te distraen pensamientos o los otros sentidos, lleva de nuevo tu atención al objeto o a los sonidos en que te estás concentrando y continúa como antes.

Escribe:

«¿Te has podido concentrar con facilidad?».

«¿Te has distraído rápidamente, o ha transcurrido un largo tiempo sin desconcentrarte?».

2. Paciencia

Estar en lo que está ocurriendo es una manera de tener paciencia; la tendencia de proyectar en el futuro nos hace impacientes.

Buscar unos resultados, querer unos resultados, tener unas expectativas concretas nos hace estar en un estado de alerta; el fin que deseamos nos aleja de la paciencia.

Mindfulness nos propone estar atentos al presente, a tener la paciencia con lo que está ocurriendo ahora. Es entender qué es lo adecuado en este momento.

¿Cuántas veces estamos escuchando a alguien y, antes de acabar la frase, ya hemos dicho algo? Dicho de otra manera: ¿cuántos momentos hemos dejado de vivir por no estar en el momento presente?

Adelantarnos a lo que va ocurrir nos quita la vivencia de la experiencia del «aquí y ahora».

La paciencia permite detener el reloj y llenar de tiempo nuestra vida. Si analizamos los momentos auténticos de nuestra vida, es posible que sean pocos, debido a la proyección hacia el futuro o el pasado.

Si eres paciente contigo, lo serás con la vida, y la vida será paciente contigo.

¿Cómo te gustaría vivir el resto de momentos que te quedan en la vida?, ¿estando en la experiencia de lo que ocurre o proyectándote a otro tiempo?

3. Mente de principiante

Con curiosidad y sentido de la aventura podemos aprender y experimentar más, momento a momento. La actitud de la mente de principiante es querer saber, tener curiosidad, ver las cosas por primera vez. Si nos acordamos de cuando éramos niños, nos daremos cuenta de que las cosas nos sorprendían, las mirábamos con absoluta atención porque eran nuevas para nosotros, eran experiencias nuevas y queríamos vivirlas, sentirlas y no les poníamos matices ni juicios, porque era nuestra primera vez.

Si pensamos que somos expertos, pensamos que no aprendemos más y dejamos de tener curiosidad, dejamos de vivir la experiencia tal y como es.

Lo mismo ocurre con nuestros pensamientos: si ya hemos decidido cómo es nuestra opinión y la mantenemos a lo largo del tiempo, será difícil una apertura de pensamiento.

Si lo que sabes te hace pensar que ya no aprendes más, entonces la mente deja de ser curiosa, te quedas en lo que sabes, en la memoria de los recuerdos, y es posible que te aburras.

Lo que ignoras y no sabes abre una inmensidad de conocimiento y sensaciones que requiere una mente de principiante.

Piensa en tu consciencia. ¿Se aburre? Cuando eres consciente no te aburres, vives la experiencia como si fuera la primera vez.

Al cultivar la mente de principiante en los actos que realizas (meditar, respirar, andar, comer...) y quitarle la etiqueta «ya lo sé», puedes estar viviendo constantemente en un estado de asombro y convertir tu vida en gozo momento a momento.

Actuar con mente de principiante adquiere otra dimensión, pasa a ser algo vivo, lleno de entusiasmo, de alegría.

Te sugiero que el próximo vaso de agua que bebas lo hagas como si fuera la primera vez. Imagínate que has olvidado todo lo que sabes sobre el agua. Pon toda tu mente a descubrir la sensación del agua, cómo entra en tu boca, cómo desciende, cómo te llena, cómo se adapta al vaso. Vive la aventura de beber un vaso de agua.

Sal de tu piloto automático y experimenta tareas sencillas y rutinarias como si fuera la primera vez, saboreando las sensaciones y fijándote en cada detalle de lo que estás haciendo en ese momento.

Ejercicio. Lo cotidiano

Lávate los dientes de forma consciente. Observa y fíjate en cada movimiento, cada acción, sabor o sensación, sin pensar en lo que ha de venir o lo que has de hacer al salir de casa. Y lo mismo con otras tareas:

- ◆ Vestirse *de forma consciente.*
- ◆ Escuchar y hablar *de forma consciente.*
- ◆ Comer y beber *de forma consciente.*
- ◆ Conducir *de forma consciente.*

Y no temas, no llegarás tarde, es muy posible incluso que termines siendo consciente del tiempo y por ello ajustes tus expectativas al tiempo real y llegues puntual a los sitios en que te esperan.

4. Confianza

«Cuando la ansiedad se cierra sobre tu luz y tus sombras, y sobre todo lo que haces, por favor, no te asustes. Me gustaría recordarte que la vida no te ha olvidado. Te está dando la mano y no permitirá que te caigas. ¿Por qué quieres excluir de tu vida el desasosiego o la depresión? Después de todo, aunque ahora no sabes adónde conducirá todo esto, puede que esas experiencias lleven al cambio que siempre esperabas».
Rainer Maria Rilke, *Carta a un joven poeta*

Existen varios niveles de confianza. Simplemente actuamos y ni siquiera nos planteamos si confiamos en nosotros mismos, damos por sentado que las cosas saldrán bien; es como si no pudiera ser de otra manera y nuestra habilidad o inteligencia natural no tuvieran nada que ver. «Todo el mundo lo sabe hacer, ¡si lo sé hacer yo!». Solo en el caso de disfunción es cuando nos planteamos si confiamos en ese aspecto de nosotros, y evidentemente entramos en duda.

Nivel del hacer. Confías en:

◆ Tu cuerpo.
◆ Tus pensamientos.
◆ Tus emociones.
◆ Tu inteligencia.
◆ Tu razonamiento.

Este es un tipo de confianza que tiene que ver con el hacer. Si somos una persona saludable, confiamos en nosotros mismos porque ninguna de estas áreas se ve afectada por nuestro enjuiciamiento ni por el de los demás. En algún momento de nuestra vida estos aspectos no estarán en armonía y entonces la confianza descenderá.

Nuestra autoimagen es fundamental para tener una autoestima alta y está muy ligada a las etapas de crecimiento y desarrollo, y, como hemos visto en capítulos anteriores, depende de cómo nos miran y juzgan los demás.

Nivel del ser. Confías en:

◆ Tu existencia.
◆ Tus intuiciones.
◆ Tus percepciones.
◆ Tu misión.
◆ Tu lugar en el mundo.
◆ Tu ser.

Aquí la confianza pasa por creer en ti, hasta dónde realmente confiamos en nosotros, en qué áreas hemos o no desarrollado una alta o baja autoestima.

Al practicar mindfulness, es decir la atención plena, vamos obteniendo más confianza en nosotros. Vamos experimentando confianza porque nuestros pensamientos ya no nos atrapan tanto y su velocidad e intensidad han disminuido y no les damos poder. Y porque nuestras emociones ya no son tan fuertes, dolorosas e inestables y confiamos en ellas. Y también porque nuestras intuiciones y percepciones son acertadas y confiamos en ellas.

Esto hace que nos convirtamos en una persona que confía en su cuerpo, en su mente y en su alma, viviendo una vida en la que nos sentimos más serenos, más calmados y más confiados.

Aquello que tenemos que hacer, gracias a la confianza en nosotros, empieza a producirse de una manera que fluye, de una manera que prácticamente surge sin esfuerzo y la vida cobra otro sentido, un sentido más pleno.

En siguientes capítulos ampliaremos este punto, incluyendo un plan personal de autocompasión, con la idea de liberarnos de los pensamientos y emociones autodestructivas.

5. No esfuerzo

Es curioso que uno de los fundamentos del mindfulness sea el «no esfuerzo», ya que nos han educado a esforzarnos en la vida para conseguir algo.

Mindfulness es estar en el momento presente, en el «aquí y ahora», sin esforzarse por ir a otro lugar, no irse del ahora en pensamiento o acción.

Esperar resultados, tener expectativas no realistas o intentar controlar es lo que hace que estemos en un estado de esfuerzo.

Si cuando estamos haciendo una tarea, simplemente la hacemos sin irnos a nuestra idea de cómo *deben* ser los resultados, pasaremos del esfuerzo al gozo.

Este «no esforzarse» nos lleva a la comprensión de que la vivencia de lo que está ocurriendo ahora es lo más importante, y la experiencia más grande que tenemos.

Todo lo que hayamos hecho anteriormente nos sirvió para estar aquí ahora, no hace falta recrearnos en el pasado, todo lo que pensemos sobre el futuro, en el ahora, no está ocurriendo.

La atención al momento hace también que no nos perdamos infinidad de momentos cotidianos. Si lo que hacemos lo hacemos en «piloto automático», nos estamos perdiendo la vivencia de este momento, y con ello lo auténtico de la vida.

El «no esfuerzo» es no esforzarse más de lo que se requiere en este preciso momento.

6. Aceptación

Aceptar no quiere decir estar de acuerdo o resignarse, es ponerle atención a lo que está sucediendo en este momento, aceptándolo sin ponerle nuestras propias cargas a lo que está ocurriendo. Aceptar hace más serena nuestra vida.

Cuando huimos de vivir una situación porque creemos que así elegimos no sufrir, cuando escogemos la evitación, lo que hacemos es enviarlo a otra ocasión en el futuro donde se reproducirá una situación igual o parecida. Si aceptamos esta situación, es muy posible que no se repita.

El rechazo nos puede llevar a una cadena de pensamientos y emociones con un peso interior que nos impregna de infelicidad.

El hecho de aceptar lo que ocurre en el ahora, tal y como venga la experiencia que tenemos que vivir hace que no haya cosas pendientes de solucionar, dándonos más tranquilidad y serenidad.

Si nos vienen pensamientos o emociones de situaciones pasadas, la aceptación nos libera de cargas para vivir un mejor presente.

Algún tipo de situaciones dolorosas que nos han ocurrido necesitan su tiempo para poder ser aceptadas. Con la práctica de la amabilidad hacia nosotros, uno de los fundamentos de mindfulness, es más fácil aceptarnos y aceptar las situaciones ansiógenas o negativas y dolorosas.

Vivir con predisposición a la aceptación es una actitud que se debe cultivar, es una atención a nuestros pensamientos y emociones, un darse cuenta de cómo son y decidir qué hago con ellos, es vivir en un estado de consciencia y atención que nos lleva a saber responder en lugar de reaccionar.

La práctica mindfulness ayuda mucho a volvernos conscientes, ya que en ella realizamos la observación de nuestros pensamientos sin aferrarnos a ellos.

7. Ceder, dejar ir

«Algunas personas piensan que aferrarse a las cosas las hace más fuertes,
pero a veces se necesita más fuerza para soltar que para retener».

Hermann Hesse

Dejar ir no significa olvidar. Dejar ir implica restarle impacto emocional a la experiencia, aceptarla y continuar adelante. De hecho, lo que sucede con las experiencias emocionales muy intensas, como la pérdida de una persona querida, una ruptura de pareja, un gran error o un agravio personal, es que no las asimilamos por completo, de manera que estas no pasan a formar parte de nuestra historia, sino que se quedan retenidas en una parte de nuestro cerebro, reactivándose ante el menor estímulo.

Dejar ir implica aceptar el cambio y adaptarse a la nueva realidad.

Si nos reafirmamos en nuestros pensamientos, a nuestras opiniones, una y otra vez, nos sentiremos apegados.

Dejar ir tiene que ver con el desapego de los resultados, dejar de identificarnos con lo que queremos, con lo que tenemos. Soltar aquello a lo que nos aferramos, en las dos vertientes: agradable y desagradable.

Dejar ir lo agradable:

◆ Hacer deporte es muy saludable en su justa medida; es posible que tengas que soltar tu exigencia de hacer deporte con cierto ritmo y frecuencia.
◆ Comer chocolate es muy placentero, pero lo saludable es dejar de comer tres tabletas en lugar de una.

Dejar ir lo desagradable:

◆ Estar aferrados a algún tipo de aversión, a emociones de enfado, de tristeza, de dolor, a un cierto placer en el victimismo, dejando ir esta zona conocida y explorar otro tipo de relación con nosotros mismos.

◆ Dejar que las cosas sean como son, permitirte no ser producto de tus pensamientos, sin tener que rechazarlos o aferrarse a ellos.

Nuestros deseos nos atrapan si nos sentimos víctimas de ellos, pero podemos renunciar y dejarlos ir. Nuestro cuerpo y mente se sienten más ligeros si dejamos ir, especialmente algunos pensamientos con una fuerte carga emocional.

Si actuamos rechazando los pensamientos o las sensaciones desagradables, volverán una y otra vez. Al ampliar la consciencia y vivir las situaciones y las oportunidades tal y como son, estaremos cercanos al «ser» (quiero/puedo) y más lejos del «deberíamos».

◆ El aprendizaje del mindfulness *no debe ni se puede forzar*, es una trasformación de autodescubrimiento, tolerancia y revelación que se va materializando a medida que lo practicamos.

◆ Se va creando consciencia de *no intentar cambiar nada*. Primero aparece la aceptación, y el cambio llega después como consecuencia de la *aceptación* y es guiado por la toma de consciencia.

◆ Una vez has conseguido enraizar profundamente estas experiencias con *consciencia plena y compasión*, se realizan cambios significativos en la gestión del miedo, la ansiedad y el pánico.

◆ Aceptación y apertura a lo que acontece en el momento presente *sin evitar, sin controlar, sin aferrarse, sin intentar liberarse de nada*, de forma ecuánime, es la llave que permite lograr el equilibrio emocional.

CAPÍTULO 9
EL ESTADO DE LA PRESENCIA

Hay una diferencia importante entre el tiempo psicológico y el tiempo cronológico. El primero es un tiempo creado por la mente, es lo que se denomina *foco narrativo*, y ocurre cuando la mente empieza a construir un relato sobre uno mismo, imaginando lo que puede pasar en función de lo que ya ha pasado. Y una condición que se da en esas circunstancias es que la persona desconecta su percepción de lo que ocurre en el aquí, en el tiempo cronológico.

Ya hemos hablado páginas atrás de los mecanismos biológicos que desencadenan el miedo y la ansiedad, así como la tendencia a la evitación experiencial del sujeto frente a los acontecimientos estresores, lo que provoca conductas desadaptativas.

Es importante comprender que para poder acabar con la ansiedad y el miedo hay que detener el hábito de huir de lo único que existe, el momento presente, por lo que debemos enseñar a la mente que está habituada a vivir en el futuro que este no existe y anclarla al momento presente.

> **Instrucciones fundamentales:**
> **detenerse-observar-volver al presente**
>
> ◆ Detenerse y recogerse en uno mismo.
>
> ◆ Observar la experiencia (interna/externa).
>
> ◆ Volver al momento presente usando los anclajes
> primordiales: respiración y sensaciones corporales.

⟋ Ejercicio. Presencia la respiración

Siéntate en una silla, en el suelo o apoyado en una pared o respaldo para sostener la columna.

Focaliza tu mente en las sensaciones de las partes de tu cuerpo que están en contacto con el suelo o la silla. Explora las sensaciones; simplemente siente, *nota* el cuerpo y deja que respire por sí mismo, sin forzar nada.

Dirige tu atención al pecho y al vientre, observa cómo se elevan suavemente en la inspiración y bajan con la espiración.

Observa cada respiración de principio a fin, es posible que notes las pausas entre espiración e inspiración, o que tengas la sensación de que cada respiración tiene vida propia.

Si te cuesta hacer el ejercicio y tienes la sensación de sufrir y que cada intento por respirar se convierte en un caos, imagínate el movimiento de las olas del mar o durante unos instantes observa dichas imágenes en una pantalla de ordenador o en el móvil, luego cierra los ojos y verás cómo asimilas pronto el ejercicio. Seguro que tu mente, cuando haya pasado un tiempo, se pondrá a divagar, pensando, soñando, haciendo la lista de la compra, y perderás el contacto con la respiración. Está bien, simplemente observa y luego redirige la atención al vientre y a la sensación de respirar. Prestar atención a la respiración es como domar un caballo salvaje. Aspiramos a domarlo con delicadeza y sin quebrar su espíritu.

◆ No hay que confundir el presente con lo que sucede en el presente: lo que pasa en el presente tiene forma y es temporal. En mindfulness, el presente es el espacio contenedor en el que las formas mentales fluyen, surgen y se mueven en este mismo instante.

◆ Es necesario alejarse del crítico interno, esa voz que habla en nuestra mente. Cuando dejamos de identificarnos con un pensamiento o de divagar, surge el estado de presencia.

◆ Estar atento es estar presente, es estar «aquí y ahora».

◆ El estado de presencia no es concentración, que es un estado mental dirigido con finalidad y objetivo, y por eso está dirigido al futuro, creando una cierta intranquilidad.

◆ Es una atención relajada, periférica, no tiene objetivos, es percepción y habita el momento.

◆ Es curiosidad, similar a la de un niño pequeño que descubre algo por primera vez.

✐ Ejercicio. Exploración mental del cuerpo

Un modo excelente de cultivar la cualidad de la sana curiosidad es aplicarla a las sensaciones físicas del cuerpo. Comenzando por la coronilla, explora mentalmente tu cuerpo hasta las puntas de los dedos de los pies. La primera vez hazlo rápidamente, tomándote unos diez segundos desde la cabeza hasta los dedos de los pies; la siguiente tarda un poco más, unos veinte segundos. La última vez hazlo con más detalle, tardando entre treinta y cuarenta segundos en hacerlo. Conforme vayas explorando tu cuerpo desde arriba hacia abajo, ve notando qué partes notas relajadas, cómodas y sueltas, y qué partes notas doloridas, incómodas o tensas. Trata de hacerlo sin emitir ningún juicio ni analizar nada, solo con la intención de dibujar una imagen de cómo se siente el cuerpo en este momento. No te preocupes si los pensamientos te distraen de vez en cuando. Cada vez que te des cuenta de que la mente empieza a dispersarse, puedes devolverla con suavidad al lugar donde la dejaste.

✎ Ejercicio. Ser consciente de tus sentimientos

No siempre sabemos reconocer bien cómo nos sentimos. Normalmente eso sucede porque estamos distraídos con lo que estamos haciendo o con lo que estamos pensando. Pero cuando comienzas a meditar, comienzas de forma inevitable a ser más consciente de cómo te sientes, de la variedad de los sentimientos, de la intensidad de los mismos, de la naturaleza testaruda de determinadas emociones y de la naturaleza volátil de otras. Por ejemplo: ¿cómo te sientes ahora? Puede ser útil antes de nada comprobar cómo se siente tu cuerpo, puesto que eso puede proporcionarte una clave acerca de la emoción subyacente. ¿Se siente pesado o ligero? ¿Hay en él una sensación de tranquilidad o de intranquilidad? ¿Hay una sensación de constreñimiento o de amplitud? En lugar de lanzarte a responder rápidamente, aplica la idea de la sana curiosidad, y tómate unos veinte o treinta segundos para responder a cada pregunta. Y ¿cómo sientes la respiración en el cuerpo? ¿Rápida o lenta, profunda o superficial? Sin tratar de cambiarla, tómate unos segundos para darte cuenta de cómo es. Hacia el final del ejercicio probablemente tendrás una percepción mucho mejor de cómo te sientes emocionalmente. Pero no te preocupes si no es así, se trata de algo perfectamente normal al principio y se volverá más obvio con la práctica.

✎ Ejercicio. Focalizar en las sensaciones corporales de ansiedad

Nos centraremos en la respiración unos dos o tres minutos, lo que nos resulte más cómodo. Prestaremos atención a continuación a las partes del cuerpo que están manifestando síntomas de ansiedad, yendo de menor a mayor intensidad. Con mente de principiante investigaremos lo que está ocurriendo, sin evitación, sin intentar escapar a ningún otro lugar ni tiempo, con aceptación, notando cómo se despliegan y expresan los síntomas. Percibiremos cómo van cambiando, sus matices, oscilaciones, sin hacer nada más que observar como si miráramos desde un balcón la gente que pasea por la calle. Aparecerán interferencias en este presente: pensamientos, juicios, ganas de evitar, imágenes. Las observamos tomando consciencia de ellas y retornamos suavemente al anclaje de observar la respiración dos ciclos completos y regresamos a los síntomas físicos que observaremos, tantas veces como sea necesario.

Cuando lo síntomas cedan, y siempre ocurre, pasamos al ejercicio de respiración que más nos apetezca o a algún ejercicio que grabaremos de los que veremos más adelante.

LA ACEPTACIÓN: LUCHA O HUIDA

Independientemente de cómo son nuestras circunstancias, la vida es unas veces desafiante, estresante o desalentadora. Con frecuencia intentamos ignorar este hecho o manipularlo, y cuando no podemos hacerlo nos sentimos frustrados y decepcionados porque las cosas no pasan como esperamos o deseamos.

Por ello debemos entender que cuando hablamos de aceptación no nos referimos a la resignación, que es una actitud limitadora y que nos consume mucha energía, sino que hablamos de dejar el hábito de intentar cambiar las cosas que se perciben durante las prácticas e intentar ser otra persona u otra cosa en ese instante.

La enseñanza de la aceptación debería convertirse en una asignatura escolar para que generaciones posteriores tuvieran este concepto totalmente integrado, como tenemos el del derecho a la felicidad o al amor, ya que es una de las cualidades necesarias para poder ser felices, ocurra lo que ocurra, a lo largo de nuestra existencia.

La aceptación es una cualidad proactiva que nos permite vivir sin temor, sin pensamientos circulares ni intrusivos, ya que nos da la seguridad de que nada es bueno o malo, que la vida está llena de circunstancias y todas ellas neutras; es lo que nosotros hacemos e interpretamos de esas circunstancias lo que las convierte en negativas o positivas y la necesidad de evitar las que cada uno de nosotros califica como negativas es la cuna de los miedos, de la ansiedad y de los trastornos emocionales.

Aceptación es soltar el dolor ante lo inesperado, es abrazar la pérdida, dejar de preguntarse ¿por qué a mí?, ¿qué he hecho yo para merecer esto?, y empezar a ver que en todo hay gestos de esperanza, buena gente, y que en realidad debemos preguntar ¿qué debemos o debo aprender de esto?, ¿para qué me servirá?

Aceptación es abandonar la resistencia a «lo que es», dejar de desear que nuestra vida o nuestros pensamientos y sentimientos sean diferentes a como son. Con este concepto claro, el viaje hacia la aceptación se convierte en un descubrimiento de lo que debemos soltar, volviéndonos conscientes de las resistencias que aparecen a lo largo del día, lo que nos permite observar los pensamientos y sentimientos que surgen en los ejercicios de mindfulness con una sensación nueva de bienestar. Por ello no debemos ceñirnos a un solo patrón de práctica mindfulness. Si la ansiedad es más mental que corporal, probablemente convendrán prácticas en movimiento, aceptar que esta es nuestra realidad y practicar con mente de principiante, con amable curiosidad, actitud lúdica y flexibilidad en la adaptación de cada ejercicio.

Tabla de aceptación			
Sensaciones, emociones, Pensamientos.	¿Intento cultivar la aceptación ahora hacia las experiencias interiores vividas en este ejercicio? Sí/No	¿He sido capaz de permitir y aceptar esta emoción, sensación, pensamiento, permaneciendo en contacto con el mismo sin reaccionar? Sí/No ¿Por qué?	¿Cómo me siento ahora si he podido aceptarlo? ¿Cómo me siento ahora si no he sido capaz de aceptarlo? ¿Cuáles son las consecuencias?

Escribir en la parte inferior de la tabla nuestras respuestas y sensaciones

⚡ Ejercicio. Práctica caminando

Primero conectaremos con nuestra respiración durante un minuto o el tiempo que necesitemos para hacernos conscientes de la respiración, y a continuación comenzamos a caminar por el entorno elegido a un ritmo cómodo.

Comienza a caminar y comprueba cómo sientes el cuerpo. ¿Lo sientes pesado o ligero, tenso o relajado? No te apresures a contestar la pregunta; tómate unos segundos para ser consciente de tu postura y de tus movimientos.

Sin tratar de cambiar el modo en que estás andando, observa cómo lo haces. Del mismo modo que sucede con la respiración, el proceso de caminar está tan automatizado y condicionado que no se piensa en ello. Dedica solo un momento a observarlo, a darte cuenta de él. Es bastante común sentirse un poco incómodo al hacer esto, pero la sensación, por lo general, desaparece pronto.

Comienza por darte cuenta de lo que ves a tu alrededor. No hace falta pensar en lo que estás viendo, sencillamente míralo y reconócelo, eso es suficiente. Esto te llevará unos treinta segundos.

Seguidamente, desplaza tu atención a los sonidos. ¿Qué puedes oír? Sin que te atrapen los pensamientos sobre los sonidos, dedica un momento a ser consciente de ellos, según van entrando y saliendo de tu campo de consciencia. De nuevo, dedícale unos treinta segundos.

Desplaza tu atención hacia los olores durante otros treinta segundos aproximadamente. Unos pueden ser agradables y otros, absolutamente desagradables. Fíjate en cómo la mente suele querer elaborar una historia vinculada a cada uno de los olores, en la medida que te recuerdan algún sitio, algo o alguien.

Finalmente, fíjate en cualquier sensación física o sensación que experimentes. La intención es simplemente reconocer las sensaciones durante unos treinta segundos sin sentir la necesidad de pensar acerca de ellas.

Mientras sigues caminando, no trates de evitar que ninguna de esas cosas entre en tu campo de consciencia; simplemente date cuenta de cómo vienen y se marchan, de cómo cada cosa es inmediatamente reemplazada por la siguiente. Después de uno o dos minutos, desplaza suavemente tu atención a la sensación del movimiento. Nota cómo el peso cambia desde el lado derecho al izquierdo, y de nuevo al derecho, siguiendo normalmente un ritmo estable. Evita ajustar de manera artificial tu velocidad o tratar de caminar a un ritmo determinado. En lugar de eso, observa el modo en que caminas y el ritmo al que estás acostumbrado.

Usa el ritmo de la marcha, la sensación física de las plantas de los pies contra el suelo, como tu base de consciencia, un lugar al que puedes regresar mentalmente cada vez que te des cuenta de que la mente empieza a vagar. Esto es el equivalente de la sensación del ascenso y descenso de la respiración cuando practicas sentado.

No hay necesidad de concentrarse tan intensamente que comiences a excluir todo lo que te rodea. De hecho, permanece abierto a las cosas que suceden a tu alrededor, y cuando sepas que la mente se ha dispersado, devuelve la atención al movimiento del cuerpo y a la sensación de las plantas de tus pies golpeando el suelo cada vez.

Al estar más presente, al ser más consciente, es bastante posible que tus hábitos mentales también aparezcan de forma más evidente. Normalmente estamos tan atrapados en los pensamientos que apenas nos damos cuenta de nuestras reacciones a todas estas cosas. Cuando aparezcan las interferencias, las distracciones, nos detenemos y volvemos a caminar observando nuestra marcha, nuestra posición corporal.

No emitiremos juicios de valor, no importa si el paisaje o las calles son bonitas, limpias o sucias, sino que solo percibiremos lo que vemos u olemos con actitud de «plena consciencia», curiosidad, aceptación y amabilidad.

✍ Ejercicio. Caminando adaptado a trastornos de ansiedad

En estados de ansiedad aguda es importante no forzarnos con la práctica formal sentada. Además, es bueno practicar este ejercicio siempre que te encuentres muy agitado y angustiado.

La duración óptima del ejercicio es de entre quince a treinta minutos, debiendo empezar a caminar a la velocidad que necesites pero plenamente consciente de las sensaciones corporales que tienes al caminar. A medida que te vayas notando más sereno, puedes ir disminuyendo la velocidad hasta caminar ralentizado, como ocurre en la anterior práctica.

Debes desfocalizar la atención del malestar y las sensaciones que te produce y centrar la atención en las sensaciones corporales de caminar moviendo los brazos, las piernas, apoyando los pies, para utilizar estas nuevas sensaciones como anclaje atencional al presente a pesar del malestar.

A veces, después de esta práctica se puede necesitar realizar algún ejercicio sentado; hay que aprender a reconocer lo que nos pide el cuerpo para que él mismo pueda aprender nuevas pautas de respuesta emocional. Pero si no ocurre, está bien dejar esta práctica como central o única. También hemos de tener en cuenta que en caso de padecer agorafobia, que sea muy tarde o llueva y haga frío, podemos perfectamente hacer el paseo dentro de casa.

Y para cerrar este capítulo, mostraremos una práctica global de diez minutos. Ese tiempo marcará una gran diferencia en tu mente y en tu vida.

✍ Ejercicio. Diez minutos

No emitiremos juicios de valor, mantendremos una actitud de «plena consciencia», curiosidad, aceptación y amabilidad.

1. Encuentra un lugar en el que poder sentarte cómodamente, manteniendo la espalda recta.

2. Asegúrate de que no te molestarán durante tu práctica (desconecta el teléfono móvil).

3. Conecta un temporizador para diez minutos.

4. Respira profundamente cinco veces, inspirando por la nariz y espirando por la boca, mientras cierras suavemente los ojos.

5. Concéntrate en la sensación física del cuerpo sobre la silla y de los pies contra el suelo.

6. Recorre el cuerpo de arriba abajo y comprueba qué partes están cómodas y relajadas y cuáles están incómodas y tensas.

7. Comprueba cómo te sientes, es decir, en qué tipo de estado te encuentras en ese mismo momento.

8. Date cuenta de dónde sientes la sensación de ascenso y descenso de la respiración de forma más intensa.

9. Date cuenta de cómo sientes cada respiración, su ritmo, si es larga o corta, profunda o superficial, áspera o suave.

10. Cuenta lentamente las respiraciones mientras te concentras en la sensación ascendente y descendente: uno con el ascenso y dos con el descenso, hasta llegar a diez.

11. Repite este ciclo entre cinco y diez veces, o durante todo el tiempo del que dispongas.

12. Aléjate de cualquier punto de concentración, permitiendo a la mente que esté todo lo calmada u ocupada que ella quiera durante aproximadamente veinte segundos.

13. Vuelve a atraer a la mente a la sensación del cuerpo en la silla y de los pies contra el suelo.

14. Abre lentamente tus ojos y ponte de pie cuando te sientas preparado.

Podemos grabar el ejercicio y escucharlo hasta que lo tengamos interiorizado.

La primera fase (del 1 al 3) es preparatoria. Si tu mente está ocupada de antemano, tardará mucho más en aquietarse cuando te sientes a practicar. Si puedes, trata de ir bajando el ritmo cinco o diez minutos antes, de modo que comiences el ejercicio con la disposición mental correcta. Asegúrate de que has programado el temporizador, y de que no vas a ser molestado durante los diez minutos siguientes.

La segunda fase (del 4 al 7) trata de unir cuerpo y mente. Esta parte debe durar unos cinco minutos aproximadamente al principio. Conforme te vayas familiarizando más con el proceso y desarrolles una mayor habilidad, encontrarás que no te lleva tanto tiempo, pero en cualquier caso es importante que no tengas prisa en esta fase.

Comienza con los ojos abiertos, sin mirar a un sitio en concreto, mirando hacia el frente con una mirada suave, consciente a la vez de tu visión periférica, arriba, abajo y a cada lado. Seguidamente, respira profundamente cinco veces, inspirando por la nariz y espirando por la boca. Conforme inspiras, trata de sentir cómo los pulmones se van llenando de aire y el pecho se va expandiendo. En la espiración simplemente deja que el aire se vaya. Mientras espiras por quinta vez, puedes ir dejando caer lentamente tus párpados.

Entramos en la tercera fase (8 al 11). En cuanto cierres los ojos comenzarás inmediatamente a ser más consciente de las sensaciones físicas y, en particular, del modo en el que estás sentado. Presta atención a las sensaciones físicas que te produce la silla. Tómate un momento para percibir los sonidos. No importa cuál sea el origen de los ruidos, simplemente sé testigo de cómo vienen y se van. Puedes repetir este proceso con tus otros sentidos.

Lo siguiente que tienes que hacer es construir una imagen de cómo se siente el cuerpo. Si detectas una cualidad emocional de la mente particularmente fuerte, simplemente tomar nota de ello puede resultar útil.

En la cuarta y última fase (12 al 14), cuando hayas llegado al final del ciclo y hayas contado las veces que decidas, puedes utilizar un collar de cuentas para decidir el número exacto de veces que quieres hacer de respiraciones en cada ciclo. Deja tu mente completamente libre, no trates de controlarla de ningún modo. Si tu mente quiere ponerse a trabajar, deja que lo haga. Tras haber dejado que la mente vaya a su aire durante un breve espacio de tiempo, vuelve a desplazar la atención suavemente hacia las sensaciones físicas del cuerpo.

CAPÍTULO 10
SOLO SON EMOCIONES

La vida se parece a los ritmos del mar, con sus mareas y sus olas; unas veces el agua sube y cubre las orillas de la playa, y otras desciende; unas veces está sereno y en calma, y otras las olas son tan grandes que amenazan con destruir diques o hacer naufragar naves. Estas fluctuaciones son parte intrínseca de las cualidades del mar y de los océanos, igual que son parte inevitable de la vida humana. Cuando olvidamos que las fluctuaciones son parte de la naturaleza de la vida, es fácil que nos ahoguemos en grandes olas de emociones.

A través de la práctica habitual del mindfulness es posible desarrollar un enfoque más equilibrado, de modo que desarrollemos un mayor sentido de ecuanimidad. Esta actitud no debe confundirse con ser un humano «gris» y aburrido, sino todo lo contrario; es tener una mayor consciencia de las emociones, quedar menos atrapado por ellas y no ser como un barco a su merced.

DEFUSIÓN COGNITIVA O DESLITERALIZACIÓN

En psicología, al proceso por el cual la persona convierte en indistinguible su percepción de sí misma respecto de sus experiencia internas (pensamientos, emociones, sensaciones corporales e imágenes) que se hallan sometidas a un cambio constante se le denomina «fusión cognitiva»[7]. Lo que se sugiere desde un modelo clínico es que la persona estará sujeta a una rigidez en las respuestas conductuales y a un malestar psicológico crónico.

La tendencia a identificarse con la ansiedad o el miedo aumenta a medida que se refuerzan las sensaciones del tipo «tengo miedo», «estoy ansioso» o «no podré superarlo», ya que estas no solo son una autodescripción sino que se convierten en una identidad, por lo que la reacción al dolor se convierte en la experiencia que lo impregna todo, es la experiencia dominante.

Decentering (o descentramiento de uno mismo) es un término utilizado por Zindel Segal y sus colaboradores para definir «el proceso de experimentar pensamientos y emociones desde una perspectiva en la que ampliamos la consciencia de uno mismo, viendo las emociones o los acontecimientos internos como fenómenos que trascurren y pasan de largo, a diferencia de la realidad que permanece [aquello que observa]».

Así que la continua contemplación de experiencias internas como fenómenos pasajeros que están separados del sentido del *self*[8] provocará la defusión cognitiva, lo que generará en el sujeto la reducción del impulso de evitación experiencial. La defusión cognitiva es la capacidad que conseguimos con el mindfulness de cambiar nuestro sentido de identidad. Cada vez nos identificaremos menos con los contenidos del yo que nos provocan dolor y empezaremos a experimentarnos como esa consciencia que

---

7 Steven C. Hayes y colaboradores, 1999.

8 El *self* es el autoconcepto que tenemos de nosotros mismos. El yo hace referencia a esa capacidad del *self* para pensar sobre uno mismo, sobre quiénes somos, cómo deberíamos ser, etc. Sería una especie de voz que habita con relativa independencia dentro de nosotros y que es capaz de desdoblarse, tomar distancia, tomar asiento en la butaca como espectador y crítico para ver nuestra puesta en escena.

observa, que forma parte de un universo más amplio, y a este cambio de identidad lo denominamos desidentificación.

Y para conseguirlo utilizaremos la táctica de etiquetar. Todo el que sufra de ansiedad puede beneficiarse de aprender a describir las experiencias internas, pero sin añadir detalles, solo «tal como son», porque solo así nos permitirá comprender que las sensaciones o los pensamientos que experimentamos no son inherentemente dañinos ni terribles.

Una emoción es solo una emoción, un pensamiento es solo un pensamiento.

Aprendemos que las palabras y pensamientos no son los eventos que representan, y que ni tan siquiera responden a los pensamientos de forma literal. Comprendemos que los pensamientos y el discurso verbal no tienen que ser verdad, ni responder a la realidad, ni tampoco comportarse conforme lo hemos pensado o sentido.

Cuando etiquetamos, podemos reformular los pensamientos y ver cómo muchas veces unimos fenómenos que no tienen nada que ver entre sí. Por ejemplo: «No podré hacer esto» sería la frase habitual en un trastorno de ansiedad o de miedo. Si etiquetamos deberíamos decir en su lugar: «Tengo en este momento el pensamiento de que no podré salir». O tal vez: «Quiero salir con mis amigos a tomar un café pero me da miedo salir de casa». El «pero» inhabilita la primera parte del mensaje y solo quedará la convicción del «miedo a salir de casa», así que si cambiamos el «pero» por un «y» se convertirán en dos fenómenos objetivamente desvinculados: «Puedo elegir tomar café con mis amigos y aceptar la sensación de miedo». Así adquiere no el poder de un obstáculo que me impide salir de casa, es simplemente una emoción pasajera a la que no le doy poder, o sea, credibilidad como hecho objetivo e irrefutable, por lo que entonces sé que simplemente pasará. «Solo es una emoción».

◆ Las cosas que temes o te preocupan son solo contenidos internos.

◆ Las emociones, recuerdos, pensamientos, imágenes, sensaciones son solo objetos, fenómenos o eventos mentales.

◆ Si dejas de alimentar todos estos objetos mentales, simplemente pasarán de largo.

◆ Cualquier acción de resistencia que ejerzamos sobre ellos como evitarlos, intentar disolverlos, negarlos, aferrarse a ellos o controlarlos solo los aumentarán y los alimentarán.

◆ Los objetos mentales no son *yo*. No soy mis pensamientos, emociones, sensaciones siempre cambiantes que pasan por mi mente; yo sigo ahí mientras los contenidos mentales pasan y transitan.

PENSAMIENTOS DE PREOCUPACIÓN Y TEMOR

¿Qué debo hacer cuando aparecen los pensamientos catastrofistas, negativos, teñidos de preocupaciones excesivas y acompañados de mucho temor y habitualmente anticipatorios? Pues recordar lo que nos enseña la práctica de mindfulness cuando emerge un pensamiento de estas características frente a nuestra consciencia observadora: reconocerlo, observar su ciclo natural (emerge-lo etiqueto-se desvanece) y volver al presente.

¿Y qué no debo hacer? No intentar detener los pensamientos, no seguirlos, no aferrarse a ellos, no alimentarlos, no evitarlos y no disolverlos.

Si seguimos estas recomendaciones, adquiriremos progresivamente un estado de calma mental que nos ayudará a mantenernos en la experiencia directa del «aquí y ahora», del presente. Paulatinamente se adquiere un estado de consciencia nuevo en el que los pensamientos dejan de interferir.

El objetivo amplio del mindfulness es no identificarse con ninguno de los contenidos perturbadores o de cualquier tipo de contenido mental que aparezca, sea del tipo que sea, para poder al final alcanzar un estado de quietud máxima y tomar consciencia de que nuestro pensamiento no es la realidad y no es una verdad absoluta. Con la práctica lograremos un estado mental más abierto, más creativo, menos condicionado y más libre.

El siguiente ejercicio debemos practicarlo cuando nos estén asaltando pensamientos de preocupación, inquietud, temor, catastrofistas, etc.

✍ Ejercicio. Preocupación y temor

Como venimos practicando, comenzaremos el ejercicio concentrándonos en los ciclos de respiración, inspirar/espirar, unos dos o tres minutos.

Los pensamientos aparecerán desbocadamente, los tomamos como objeto de observación, como si miráramos una llama, sin intentar silenciarlos, ni cambiarlos, tomándolos tal cual surjan. Los miramos con curiosidad y de forma consciente, como cuando estamos en el cine mirando una película.

Es normal que nos encontremos de pronto convertidos en protagonistas del film en vez de espectadores. No pasa nada, es normal, así que volveremos a los anclajes centrándonos en observar la respiración y/o a centrarnos en un pie y de nuevo regresaremos pasados unos instantes a nuestro lugar de contemplación, de espectador vip. Retornamos con suavidad, sin juzgar ni juzgarse.

Desde ese lugar privilegiado de espectador etiquetaremos de manera descriptiva-objetiva el contenido de lo que aparezca: «Es solo una imagen», «Es solo una idea», «Es solo una emoción», «Es solo un contenido más», «Es solo un pensamiento», «Es solo un miedo aprendido»...

Si no tenemos un día muy objetivo o estamos más perturbados que de costumbre, podemos utilizar la táctica de poner los pensamientos en un río cuya corriente los arrastra como hojas que flotan; o también podemos imaginarnos como una montaña, grande, sólida, y los pensamientos son nubes que pasan de largo sobre su cima mientras la montaña permanece impasible.

Cerraremos el ejercicio a los quince minutos. Podemos poner la alarma del móvil con un sonido suave para no tener que preocuparnos del tiempo mientras realizamos el ejercicio y que no se convierta en un estorbo o motivo de distracción.

Cuando suene la alarma dedicaremos cinco minutos más o menos a concentrarnos únicamente en la respiración, y desperezaremos nuestro cuerpo dando por finalizada la práctica.

CAPÍTULO 11

LA COMPASIÓN
Y LA GRATITUD

«Cuatro son los caminos que llevan al Señor: la sabiduría,
la justicia, la belleza y, el más seguro de todos, la compasión».
Constancio C. Vigil

La compasión es la joya de la corona o el yin y yang del mindfulness. Se trata de ser bondadosos con nosotros mismos, de permanecer amorosos, sensibles, delicados y solidarios con incondicionalidad, tanto ante nosotros mismos como frente a nuestros comportamientos y pensamientos autocríticos, así como ante los contenidos y situaciones vitales, para más tarde poder ser bondadosamente amorosos con los otros.

La compasión la solemos definir como un sentimiento de empatía hacia otros seres humanos iguales a nosotros. Su base es el respeto, la disposición al servicio y la solidaridad. La compasión se encuentra en actos tan sencillos como escuchar, compartir y recordar. Con el valor de la comprensión reafirmamos y perfeccionamos otros valores como generosidad y servicio, por poner a disposición de los demás nuestro tiempo y nuestros recursos; también perfeccionamos la sencillez, porque no hacemos distinción entre las personas a las que ayudamos; solidaridad por tomar en nuestras manos los problemas ajenos, haciéndolos propios; comprensión, porque al ponernos en el lugar de otros, descubrimos el valor de la ayuda desinteresada.

Para practicar la compasión debemos intentar ser comprensivos con los demás; todos nos equivocamos alguna vez. Tener compasión y sentir lástima no es lo mismo. Pero pocas veces entendemos o nos explican que si no somos compasivos con nosotros mismos y nos queremos con incondicionalidad poco de ese amor podremos dar a los demás.

La práctica del amor incondicional o compasión requiere voluntad de prestar atención, de investigar en el dolor interior, incluidos el dolor del miedo, la ansiedad o el pánico. Es acoger el dolor de nuestra imperfección, de nuestros miedos con bondad y compasión. Sin esta premisa nos costará mucho acallar a nuestro crítico interno y transformarlo en un coach interior.

La autocompasión lleva a la flexibilidad cognitiva, y por ello podemos hacer elecciones más congruentes con nuestras necesidades emocionales. Esto es debido a que en el mindfulness no se trabaja pensándonos o reflexionando sobre nosotros mismos, ya que estos pensamientos estarán contaminados por nuestros sesgos de confirmación y por nuestro autoconcepto, sino que surgen de un proceso de descubrimiento natural, que aflora de lo profundo de la observación y de la compasión.

Un requisito importante en la práctica de la bondad amorosa o compasión es cejar toda comparación, aprender a vivir sin medirse con patrón alguno, persona o idea y no pensar medir lo que fuimos ayer o lo que podemos llegar a ser mañana. Debemos transformar ese estado mental de tratar de llegar a ser alguien o algo, para no alejarnos del amor a lo que uno es «aquí y ahora». Cuando hay miedos, ansiedad, pánico, existe una profunda sensación de no sentirse a salvo, hagas lo que hagas o vivas lo que vivas. Un miedo continuo que no se puede evitar si dejas de «hacer» y te relajas en el «estar»[9].

---

9 Marta Alonso Maynar. *Mindfulness en la práctica clínica; tratamiento de los trastornos de ansiedad.* 2013.

Solo con la práctica continuada podemos darnos cuenta de que el miedo y la ansiedad venían de no sentirse a salvo. Es entonces cuando puedo explicarles a mis clientes que existe un paralelismo entre la bondad amorosa, el mindfulness y el apego seguro[10].

Christopher K. Germer[11] nos obsequia con un guion detalladísimo para crear un plan personal de autocompasión, que consiste en desarrollar objetivos concretos de cuidado, protección y cariño en las áreas de nuestra vida donde ha aparecido el sufrimiento que se ha mantenido en el tiempo con actitudes y comportamientos dañinos para uno mismo.

Plan personal de autocompasión

◆ *Área Física.* Cuidar el cuerpo. No hacerse daño.
◆ *Área Mental.* Permitirse los pensamientos. No luchar. No juzgarse.
◆ *Área Emocional.* Aceptar las emociones. Estar en paz con ellas sin resistencias.
◆ *Área Relacional.* Conectar con los demás. No aislarse.
◆ *Área Espiritual.* Comprometerse con los valores. No ser egoístas.

---

10 Clase de apego sensible que permiten al bebé y al niño tener a sus cuidadores como una base de seguridad cuando se sienten angustiados. El niño goza de la confianza de que sus figuras de apego estarán disponibles, de que responderán en caso de necesidad y le ayudarán en la adversidad. En las relaciones interpersonales, las personas que han crecido con vínculo seguro son más cálidas, estables y con relaciones íntimas más satisfactorias. A nivel intrapersonal, son personas más integradas, con mayor autoestima y con tendencia a ser más positivas.

11 *El poder del mindfulness: Libérate de los pensamientos y las emociones autodestructivas.* Paidós, 2011.

✏ Ejercicio. El gran YO

Dibuja en una hoja un gran corazón y un YO gigante. Ese yo representa la totalidad de todo lo que has hecho, los aspectos de tu cuerpo, mente, emociones y talentos o dones.

Durante siete días escribe dentro de ese corazón que representa tu gran Yo cada cosa que vayas descubriendo de ti que te guste. Usa colores distintos para cada cualidad o don que veas y cada aspecto que desees mejorar. Por ejemplo, en color verde «disfrutas conociendo gente», en rojo «eres un gran cocinero/a», en azul «qué manos más bonitas tienes».

Para potenciar este ejercicio antes de pasar al mindfulness para sentirse a salvo, es ideal un ejercicio también del budismo Theravada, pero esta vez de las prácticas aprendidas en Chiang Mai (Tailandia): la meditación *metta*.

Metta (de lengua pali) ha sido traducido como «amabilidad con cariño», «simpatía,» «benevolencia,» «amistad,» «buena voluntad», «amor» o «interés activo por los demás». Es uno de los diez *paramitas*[12] del budismo Theravada. El *metta bhavana* (el cultivo del *metta*) es una forma de meditación budista muy popular.

El objeto de la meditación *metta* es el amor con desprendimiento. Tradicionalmente, la práctica comienza con el practicante cultivando el amor desinteresado hacia sí mismo, después hacia la gente que ama, amigos, maestros, extraños y enemigos, hasta cultivar el amor por la totalidad de seres vivientes. Los budistas creen que aquellos que cultivan el *metta* consiguen alejarse de los deseos y la hostilidad. Los maestros budistas recomiendan la meditación en *metta* como un antídoto contra el insomnio y las pesadillas; para despertarse sintiéndose bien y ligero de corazón; gustar más a los demás y sentirse bien con ellos,

---

12 Los *paramitas* o *parami* son virtudes o perfecciones que se deben cumplir para purificar el karma y vivir una vida sin obstrucciones en el camino al *bodhisattva* (iluminación).

especialmente con los niños; ser queridos por los animales; ser capaces de lograr la concentración en la meditación con facilidad, y claridad mental en el momento de la muerte.

Generalmente, las personas que practican *metta* se encuentran más confortables y son más felices. Irradiar *metta* contribuye además a un mundo con más amor, paz y felicidad. La meditación *metta* es un buen modo de calmar una mente angustiada y un antídoto contra la ira. De acuerdo con esto, alguien que ha cultivado *metta* no tendrá miedo fácilmente y podrá subyugarlo siendo más cariñoso, amoroso y más tendente al amor incondicional.

Con esta práctica puede que descubras que eres capaz de afrontar las situaciones de tu vida cotidiana que hasta ahora eran complicadas para ti con más soltura y claridad. Es en realidad una poderosa herramienta para la transformación, y no es necesario ser budista para practicarla.

Es una práctica que los terapeutas también deberían realizar para mejorar la empatía en su trabajo. En un estudio, un monje tibetano que practicaba *metta* podía discriminar cambios sutiles de expresión facial de emoción en un nivel más sutil, dos desvíos estándar por encima de la media, una capacidad que todos los terapeutas desearíamos en nuestra labor profesional. El profesor de Psicología de Harvard David McClelland realizó en 1986 un estudio con alumnos, en el que les hizo visionar una película sobre la vida de la madre Teresa de Calcuta donde aparecían sus constantes actos de compasión. Después del film volvieron a realizarles una prueba de saliva y sus SIgA[13] habían aumentado, lo que indicaba un aumento de la inmunidad. Y eso ocurrió incluso en los alumnos que desaprobaban el trabajo de la madre Teresa de Calcuta.

---

13 Salivary Immunoglobulin Antigen.

✏️ Ejercicio. Meditación *metta*, amor bondadoso

Visualiza en el centro del pecho tu corazón, escúchalo latir un rato. Después puedes recordarte en tu forma más tierna, como bebe (habrás visto alguna fotografía tuya) o algo más mayor, una imagen de ti que te haga sentir amor por ese bebé o niño/a. Si no puedes visualizarte porque aún sientes un fuerte rechazo hacia ti mismo, observa tu nombre escrito dentro de tu corazón latiendo. *Metta* es la pura intención de desear aumentar desde dentro la compasión por nosotros mismos y por todo lo que nos rodea. Mientras respiramos, inspirando y espirando, nos repetiremos lentamente:

«Que me sienta seguro y protegido».
«Que tenga bienestar».
«Que esté libre de emociones negativas».
«Que sea feliz».

Tomaremos tiempo entre frase y frase, intentando sentir cada una de ellas, integrarlas.

Pasadas dos semanas, habiendo meditado sobre nosotros mismos, continuamos alargando un poco más el tiempo de la práctica, añadiendo a alguien a quien queremos, un amigo, un hijo, un paciente... Pronunciamos las mismas frases pero ahora para esa persona, pronunciando su nombre.

«Que .... se sienta seguro y protegido».
«Que .... tenga bienestar».
«Que .... esté libre de emociones negativas».
«Que .... sea feliz».

Iremos ampliando la práctica semana a semana, aunque no es imprescindible que cuando hayamos integrado esta meditación la realicemos completa todos los días. Aunque sí en un orden, primero las bendiciones para nosotros mismos, después alguien amado o neutro, después a alguien a quien odiemos, con quien estemos muy enfadados (tanto que nos resulte incomodo incluso pensar en esa persona) y, por último, a todos los seres.

En este paso pondremos en el lugar de los puntos suspensivos el nombre de la persona que nos irrita, que nos causa dolor o incluso odiamos.

Este paso es un poco más complicado que los anteriores pero tremendamente sanador.

«Que .... se sienta seguro y protegido».
«Que .... tenga bienestar».
«Que .... esté libre de emociones negativas».
«Que .... sea feliz».

Y por último, incluimos a todos los seres sintientes, a todo lo que está creado.

«Que todos los seres sintientes se sientan seguros y protegidos».
«Que todos los seres sintientes tengan bienestar».
«Que todos los seres sintientes estén libres de emociones negativas».
«Que todos los seres sintientes sean felices».

Al finalizar, centra de nuevo tu atención en tu corazón y emite una sonrisa, eso suavizará tu cuerpo y proporcionará casi instantáneamente una sensación de calma. Y así, desde la caricia que es la sonrisa, abre tus ojos y sigue unos instantes guardando esa calidez interior.

Después de explorar estos puntos sobre la bondad hacia uno mismo y haber practicado *metta*, un grupo de terapeutas decidimos aplicar la práctica tibetana llamada *tonglen* (dar y recibir). El objetivo era claro y concreto: tranquilizar, dar alivio y seguridad a las personas que sufrían de trastornos de ansiedad con un claro matiz de miedo.

Es bueno que también sea grabada. En la consulta solemos realizarla al tiempo que el paciente la graba en su móvil; el hecho de oír la propia voz le añade por transferencia terapéutica una doble función de calma. Si nuestra pareja, padre, madre o amigo/a ejercen esa sensación balsámica, podemos pedirles que ellos nos graben el ejercicio para luego escucharlo.

Tonglen: práctica de la compasión para sentirse a salvo

Se asocia con desarrollar el valor, el coraje, se basa en la idea de que el miedo lo que quiere es proteger nuestros puntos vulnerables y que la negatividad, el conflicto, la frustración y el resentimiento surgen de intentar protegerlos y protegernos. Los ejercicios anteriores que ya hemos realizado nos han ido descubriendo todas estas corazas con reveladora claridad.

Esta práctica quiere ir más lejos todavía, quiere disolverlos gradualmente. Paradójicamente, esta práctica exige valor pero ella en sí misma proporciona mucho coraje y valor, porque es una práctica eficaz de exposición interoceptiva[14].

Cultiva un corazón valeroso

La idea es cultivar un corazón valeroso que no se cierre en ninguna circunstancia, totalmente abierto para sentirlo todo, porque solo así nos podremos sentir a salvo, confiados y seguros.

Comenzamos como en los ejercicios anteriores, centrándonos en la respiración focalizada un largo rato. Pasamos la atención a nuestro corazón y nos damos permiso para dejar que aflore

---

14 Se trata de una técnica específica que se utiliza en ciertos trastornos de ansiedad, especialmente el trastorno de pánico y trastorno de estrés postraumático, así como en otros trastornos asociados con niveles elevados de ansiedad. Es un tratamiento basado en la terapia cognitivo conductual.

La idea principal de la exposición interoceptiva es realizar ejercicios que provoquen las sensaciones físicas de un ataque de pánico, como palpitaciones, hiperventilación y tensión muscular, combinadas con una exposición en vivo a la situación u objeto temidos.

A través de la exposición interoceptiva, los pacientes aprenden que las sensaciones físicas pueden ser incómodas, pero no son peligrosas y mucho menos conducen a las consecuencias temidas (la muerte, perder el control, volverse loco, etc.). Como toda terapia de exposición, se desea que los pacientes logren habituarse a la ansiedad que rodea a estas sensaciones y les pierdan el temor. La meta es que al inducir estas sensaciones, los pacientes dejen de temerlas y tengan mayor control sobre las mismas.

el sufrimiento que nos aflige en este momento. Focalizaremos nuestra atención en la espiración, a la vez que nos consentimos sentir plenamente el dolor, el desasosiego, la inseguridad, el miedo. Con cada espiración exploramos el sufrimiento en lugar de rehuirlo.

Sin resistencias, vamos acompañando la expresión natural de ese miedo o sufrimiento; sin forzar nada vamos dejando que se diluya, dándole su tiempo. En el espacio interior de nuestra consciencia podemos imaginar un espacio vacío donde vamos depositando con cada espiración este sentimiento o sensación hasta que se desvanece él solo.

Con cada inspiración nos abrimos al sentimiento de seguridad, tranquilidad, calma, paz, ternura, bienestar y bondad que tanto anhelamos. Si nos cuesta sentir todo eso, podemos recordar lo que sentimos por nuestro ser más querido o un momento a lo largo de tu vida que hayas podido experimentar sentirte querido, cuidado, protegido, a salvo y seguro, para poder aferrarte a esa sensación y proyectarla encima de uno mismo.

Nos mantendremos firmes hasta llegar a los quince minutos. Progresivamente regularemos la respiración (inspiración/espiración) a un ritmo cómodo. Podemos pensar que cuando entra el aire entra el color azul cielo o un blanco dorado hermoso, y cuando expulsamos el aire lo hacemos en forma de nube negra.

Como aparecerán interferencias mentales o corporales durante el ejercicio, solo debes tomar consciencia de ellas y suavemente retorna a la respiración. Para regresar al ejercicio.

Finalizaremos con la respiración focalizada en los colores azul (del cielo) y negro (de la nube negra) durante tres minutos, para retomar consciencia del «aquí y ahora».

Dada la intensidad del ejercicio, regularizaremos los tiempos de menos a más. Podemos pedir que alguien de nuestra confianza nos acompañe durante las primeras prácticas, así como elegir situaciones de sufrimiento menores e ir aumentando progresivamente, al igual que el tiempo.

Y sobre todo, si al principio no nos gusta nada lo que vemos u oímos en el ejercicio sobre nuestro dolor, al finalizar el ejercicio practicaremos la comunicación bondadosa: nos hablaremos positivamente, siendo conscientes de que no pudimos ni supimos hacerlo mejor, y que en su momento los mecanismos del crítico interno fueron acciones de seguridad y protección, de amor, aunque con el tiempo nos han causado más dolor.

Unir el plan de autocompasión personal junto con las dos prácticas anteriores, y siempre que necesitemos sentirnos a salvo en función del tiempo y lugar podemos practicar *metta* o *tonglen*.

La paradoja del mindfulness

No puede forzarse su aprendizaje, porque es un proceso de descubrimiento, tolerancia y revelación que se abre ante nosotros con la práctica.

Es una consciencia que no intenta cambiar nada, busca la aceptación y el cambio llega como consecuencia de esta y es guiado por la consciencia.

Solo lograrás traspasar las barreras del miedo, ansiedad o pánico cuando hayas traspasado estas experiencias con consciencia plena y compasión.

La clave que nos permite acceder al equilibrio emocional es la apertura y la aceptación de todo lo que acontece en el momento presente, sin evitar, sin controlar, sin aferrarse, sin huir de nada, con ecuanimidad.

CAPÍTULO 12
REFLEXIONES FINALES

Los avances en el área de investigación neurocientífica del mindfulness están permitiendo conocer con detalle y precisión las áreas cerebrales que se activan cuando se practica. Esto, junto con los más de 20.000 estudios científicos hasta el día de hoy sobre la eficacia de las intervenciones en psicología y los más de 150.000 pacientes atendidos en la clínica universitaria de Massachusetts solo en el tiempo que el Dr. Jon Kabat-Zinn trabajó en ella, está permitiendo una comprensión más clara y profunda sobre cómo funciona el mindfulness.

En un trabajo del grupo de Hölzel y Lazar en 2011 se propuso una visión integrada de los mecanismos del *círculo virtuoso de mindfulness*, no solo desde una perspectiva de la psicología, sino también desde la neurocientífica.

El círculo virtuoso de la práctica del mindfulness se sustenta en cuatro mecanismos de acción:

1. Regulación de la atención. Se fortalece al mantenernos focalizados sobre el objeto deseado, detectar las distracciones y retornar la atención al objeto. El área del cerebro implicada en este proceso es la *circunvolución cingular anterior*.

2. Consciencia corpórea. Al focalizar la atención en la respiración o sobre las sensaciones corporales activamos la *ínsula* y la zona cerebral entre la unión de los *lóbulos temporal* y *parietal*.

3. Regulación de la emoción que asume la reevaluación, exposición, extinción y reconsolidación. Se instruye: primero acercándose a la experiencia aceptándola, sin juzgarla, lo que interrumpe los automatismos y favorece la reevaluación, activándose el *área dorsal de la corteza prefrontal;* segundo, al exponerse a lo que está presente en la experiencia sin reaccionar a ello desencadenamos la exposición, la extinción y la reconsolidación, y al ocurrir esto, junto al *área cerebral anterior* se activan la *amígdala* y el *hipocampo*.

4. Cambio de perspectiva sobre uno/a mismo/a debido a que promueve la desidentificación con un sentido estático del sí mismo (el mi[15]), favoreciendo un sentido fluido del sí mismo (el yo). Las áreas cerebrales mencionadas en los puntos anteriores están también implicadas en este cambio.

Bajo la luz de estas investigaciones queda bastante claro por qué la práctica del mindfulness facilita la formación y el fortalecimiento del círculo virtuoso, que es central para poder salir de los círculos viciosos autorreferentes que sustentan las patologías de ansiedad, miedo y pánico, algo que resulta clave para describir cómo la práctica del mindfulness cambia la visión y el abordaje de la vida a cualquier persona y en cualquier circunstancia de vida, y nos resulta vital porque nos permite vivirla de una manera saludable y valiosa.

---

15 Terminología usada por William James (1842-1911) para explicar la anatomía de la personalidad.

Para practicar el siguiente programa, la base es la estructura diseñada por Kabat-Zinn, pero añadiendo algunas variantes de la terapia cognitiva.

El entrenamiento en mindfulness no está pensado para formar meditadores expertos; el auténtico objetivo es entrenar la habilidad del mindfulness. Algunas técnicas de meditación nos son útiles para ello.

Las reglas generales de la práctica del mindfulness son:

◆ Obsérvalo.
◆ Hazte consciente de ello.
◆ Permite que ocurra.
◆ Aplica la compasión.
◆ Suéltalo, déjalo pasar.
◆ Regresa al presente.

Para realizar el entrenamiento de las ocho semanas utilizaremos distintas técnicas tanto en casa como en la consulta médica o psicológica, aunque este programa también puedes adaptarlo a tu práctica personal. Aunque está pensado para realizarlo en grupo, también se puede hacer individualmente.

La mayoría de los siguientes ejercicios están más detallados en capítulos anteriores.

◆ *Ejercicio de la uva pasa*. Es uno de los ejercicios fáciles de realizar y que encontramos en todos los manuales formales terapéuticos y también en los informales, donde nos acompañan en búsquedas más metafísicas. Se entrega una uva pasa entre los asistentes al entrenamiento mindfulness o atención plena y se pide que se observe y se huela antes de ponerla en la boca. Luego se observan las sensaciones de textura en la lengua y se paladea antes de comerla. Sirve para explicar la atención en el presente, como introducción a la práctica de los sentidos.

◆ *Atención a la respiración.* Hay que concentrarse en la respiración y observar lo que sucede. La intención es hacernos conscientes de la respiración, de cada inspiración y espiración, sin intervenir, a su ritmo, sin forzar. Es la mejor manera de comenzar a practicar en casa, y solo tres minutos son suficientes.

◆ *Práctica sentado.* Se le denomina también «formal», y se debe adoptar una posición erecta, la cabeza y la espalda deben formar una misma línea recta. Una vez fijada la postura, el practicante se centrará en la respiración con atención plena y se focalizará en la experiencia del presente, observando.

◆ *Técnica de* **body-scan** o *exploración corporal.* Se hace un recorrido sensorial por las diferentes partes del cuerpo, de cabeza a pies o viceversa. Puede realizarse tumbado o sentado en la posición anterior, y se comienza comprobando el contacto de nuestro cuerpo contra lo que está apoyado: silla, suelo o sofá.

◆ *Mindfulness en la cotidianeidad.* Ejercitar la atención plena en todos los ámbitos de la vida cotidiana: lavar platos, esperar el autobús, saborear la comida del plato, pelar patatas, etc., como herramienta para afrontar el sufrimiento.

◆ *Práctica caminando* o *corriendo.* Llevar la atención a uno de los actos más inconscientes y automáticos del cuerpo, poner atención plena en el contacto de los pies con el suelo, en cada uno de los movimientos del acto de caminar, tomado consciencia de cómo lo hacemos, de cómo caminamos. En este capítulo explicaremos un ejercicio para corredores.

◆ *Yoga* o *taichí.* El yoga con atención plena es la tercera técnica de mindfulness más importante en el modelo de Kabat-Zinn. Basándose en ejercicios de estiramiento y fortificación que se realizan con gran lentitud y tomando clara consciencia del cuerpo y sus limitaciones, se observan las sensaciones «aparecer» y «desaparecer», sin reaccionar ni juzgar.

El otro aspecto fundamental de la terapia de las ocho semanas son las tareas complementarias a los cuarenta y cinco minutos diarios de práctica formal, seis días en semana, que van variando entre *body-scan* y práctica sentado. La alta exigencia del entrenamiento hace corta su duración en la consulta, solo ocho semanas. Pretende cambiar automatismos muy arraigados, además de una comprensión intelectual del proceso, que no es más que lo que se ha explicado repetidamente a lo largo del libro. John Teasdale llama a este efecto «*Insight Meta* cognitivo», y lo define como «ver los pensamientos como eventos mentales sometidos a múltiples condicionantes, estados de ánimo, palabras, emociones, y no como reflejos de la realidad».

En casa no nos encontramos sometidos a la presión de las ocho sesiones o semanas terapéuticas, que además tienen un coste económico, así que los tiempos diarios de práctica pueden ser repartidos a lo largo del día.

El objetivo de cada una de las ocho sesiones es:

Primera sesión. Darnos cuenta de que funcionamos en piloto automático y de cuál es en cambio el efecto de permanecer en el presente con atención plena.

Segunda sesión. Enfrentarnos a los obstáculos. Esta sesión es fundamental porque se trabajan los problemas que han aparecido en los ejercicios de casa y se introducen las perspectivas metacognitivas. Las quejas más comunes son: «No he encontrado tiempo para hacer mindfulness»; «Me ponía muy nervioso»; «Me alteraba sentir las sensaciones»; «Temía que se repitiera todo»; «Trato de hacerlo pero no me sale»; «No sé si lo hago bien»…

Tercera sesión. Práctica centrada en la respiración. El objetivo es anclar la respiración como elemento para reconectar con el presente cuando la mente divague entre pensamientos, sensaciones o emociones.

Cuarta sesión. Permanecer en el presente. Explorar nuevas formas de relacionarnos con las emociones, pensamientos y sensaciones intensas.

Quinta sesión. Permitir/dejar ser. Explorar y desarrollar una relación radicalmente diferente con las experiencias, en las que estas son aceptadas tal y como son, sin juzgarlas.

Sexta sesión. Los pensamientos no son hechos, reducir la identificación con los pensamientos y aprender a relacionarse con los pensamientos como eventos que suceden y se van.

Séptima sesión. ¿Cómo cuidar mejor de uno mismo? Aquí se comienza a cerrar el programa y es importante entender la compasión y vencer las resistencias a sentirla por nosotros/as mismos/as.

Octava sesión. Se reafirman las prácticas de compasión y se trabaja para mantener la práctica del mindfulness una vez terminada la intervención terapéutica. Se resume todo lo aprendido.

Dejar marchar la impaciencia

Hemos convertido la vida de los habitantes de las grandes ciudades en un frenesí y en un devenir de ocupaciones tan grande que es inevitable que hasta los niños pequeños sufran de estrés. Por ello la impaciencia es quizá inevitable; es probable que esa impaciencia aparezca en las prácticas y puede que nos aparezcan pensamientos de duda: «¿Por qué no experimento resultados ya?»; «¿Qué hago mal?»; «¿Qué falta para estar ya bien?». Recuerda, el mindfulness no son logros y resultados, es un cambio progresivo, es un cambio a ritmo muy agradable con respecto al resto de nuestro día a día.

Se trata de aprender a estar consciente, de descansar en ese espacio de consciencia natural con un sentido genuino de bienestar.

Perseverar en la práctica

Mindfulness o atención plena es un cambio fundamental en la forma en la que nos relacionamos con los pensamientos y los sentimientos, y solo se consigue repitiendo el ejercicio poco a poco y con frecuencia, regularmente, sin importar cómo nos sentimos en ese momento. No debemos sentirnos mal para practicar o solo hacerlo si estamos bien. Es una habilidad, y por ello nos iremos sintiendo más familiarizados y seguros con la sensación de las propias prácticas cuanto más las realicemos.

Poco, y con frecuencia, es la manera de hacer realidad una consciencia estable dentro de la práctica, así que empieza sentándote o caminado diez minutos cada día, sin excusas.

Más ejercicios que puedes utilizar para adaptar tu práctica a tus necesidades

Estos ejercicios deben efectuarse con la máxima atención. Lo que cuenta es lo que se experimenta y no solo lo que se hace. Es tan importante el camino como el objetivo final.

⟋⟩ Ejercicios relajantes/estiramientos

Cogiendo estrellas

Nos colocamos en la siguiente posición: separamos las piernas a una distancia que supere la que hay entre los hombros. Subimos los brazos lateralmente hasta que las puntas de los dedos miren al cielo siguiendo una línea imaginaria inclinada que cruce el cuerpo con la pierna opuesta.

Estiramos el brazo izquierdo en la dirección de los dedos, en diagonal hacia el cielo. Doblamos ligeramente el codo derecho, dirigiéndolo a la rodilla derecha. Al mismo tiempo, doblamos ligeramente la pierna izquierda, dejamos gran parte de peso en ella y estiramos la derecha, que formará una línea con el brazo izquierdo. Hay que intentar no arquear la espalda. Se realiza tres veces a cada lado.

El Sol

Nuevamente desde la posición de la estrella, llevamos el abdomen ligeramente hacia la espalda y realizamos una contracción que irá reproduciéndose a lo largo del cuerpo, como si abrazáramos una gran bola con la parte anterior del tronco, las piernas y los brazos. El movimiento producirá una apertura en la parte posterior del cuerpo.

Buscando la Luna

Doblamos ligeramente las piernas y abrimos el torso en dirección al cielo. Al mismo tiempo, llevamos la parte interior de los brazos y las manos en esa dirección, estirando el tórax. El cuello permanece lejos de las orejas, como si estuviéramos de pie, el cuerpo justo debajo de los omoplatos. No hay sensación de acortamiento ni tensión, sino de apertura hacia el cielo.

Se realiza el mismo ejercicio girando el tórax, los brazos y las manos desde la cintura hacia la derecha y la izquierda con la misma posición de piernas y caderas.

Señalando la Luna

Giramos toda la zona pectoral ligeramente hacia la izquierda y en esa posición la dirigimos al cielo, sin forzar por eso la zona lumbar. Al mismo tiempo, doblamos un poco la pierna derecha y extendemos el brazo izquierdo hacia arriba en diagonal; la pierna izquierda está estirada. El brazo derecho se sitúa estirado en horizontal a la altura del pecho, paralelo al suelo. Volvemos al centro y repetimos todo el proceso hacia la derecha.

La constelación de Orión

Sentados con las manos en los muslos, intentamos sentir los dos huesos isquiones de la pelvis en contacto con la silla. Levantamos el isquion derecho y giramos la columna vertebral en espiral: la parte derecha del tronco se desplaza hacia delante y la izquierda atrás; la cabeza se inclina levemente a la derecha. Volvemos al centro y reiniciamos el proceso con el isquion izquierdo.

Moviendo la constelación

Sentados con los brazos paralelos al suelo, iniciamos el proceso del ejercicio anterior, levantando el isquion izquierdo, pero esta vez, además de la torsión de la columna que lleva adelante la parte izquierda del tronco, extenderemos el brazo y omóplato izquierdos adelante y contraeremos los derechos hacia atrás; la cabeza se inclina levemente a la izquierda. Volvemos a la posición inicial y realizamos el ejercicio a la inversa.

Mirando a Orión

Desde la posición del ejercicio anterior, sentados con los brazos paralelos al suelo, levantamos el isquion derecho, pero esta vez, además de la torsión de la columna, estiramos ligeramente el brazo derecho hacia delante mientras dirigimos el izquierdo hacia el cielo. La cabeza se inclina a la derecha y, si se quiere, mira hacia arriba.

✍ Ejercicio. Motivación

Comienza con los ojos abiertos hacia el frente con una mirada suave pero sin mirar a un sitio en concreto, consciente a la vez de tu visión periférica, arriba, abajo y a cada lado. Seguidamente respira profundamente cinco veces, inspirando por la nariz y espirando por la boca. Conforme inspiras, trata de sentir cómo los pulmones se van llenando de aire y el pecho se va expandiendo. En la espiración simplemente deja que el aire se vaya. Mientras espiras por quinta vez, puedes ir dejando caer lentamente tus párpados.

En cuanto cierres los ojos comenzarás inmediatamente a ser más consciente de las sensaciones físicas y, en particular, del modo en el que estás sentado/a. Presta atención a las sensaciones físicas que te produce la silla. Tómate un momento para percibir los sonidos. No importa cuál sea el origen de los ruidos; simplemente sé testigo de cómo vienen y se van. Puedes repetir este proceso con tus otros sentidos.

Lo siguiente que tienes que hacer es construir una imagen de cómo se siente el cuerpo. Si detectas una cualidad emocional de la mente particularmente fuerte, simplemente tomar nota de ello puede resultar útil.

Imagínate una ventana cerrada por la que no pasa nada de luz: así se siente tu mente y tu cuerpo al no sentir motivación ni ilusión. Toma aliento y piensa que ya es momento de salir de este estado y abres la ventana dejando entrar la luz, el aire fresco, dando claridad a tu mente y a tus pensamientos.

El aire que entra por la ventana junto a la luz trae a tu mente tus pequeños y grandes logros, tus éxitos personales, esa vez que te sentiste tan orgulloso/a de ti por haber superado un miedo, haber podido realizar un objetivo físico, recibido un alago o un reconocimiento que deseabas.

Vas dejando fluir por la ventana tus recuerdos de éxitos y logros pasados y presentes.

Silencio y tiempo para recordar.

Unos pensamientos encadenando otros y ahora de repente comienzas a pensar en tus sueños. ¿Qué deseabas en tu juventud? ¿Cuántos de esos sueños ya has cumplido? ¿Y los que están aún por realizar?

Silencio y tiempo para recordar.

Me pregunto: ¿qué deseo desde el fondo de mi corazón?, ¿qué quiero para mí?

Silencio y tiempo para contestarme.

Vuelvo a sentir la energía de la alegría, la felicidad y la vida latir dentro de mí. Recuerdo que todo es posible con deseo, planificación y tenacidad.

Imaginaremos con todo lujo de detalles nuestro momento más feliz, y cuando estemos preparados daremos por finalizado el ejercicio.

✐ Ejercicio. Buenos sueños

Antes de irte a la cama, asegúrate de haber ido al baño, de haber cerrado la puerta, desconectado el teléfono y haber hecho el resto de cosas que sueles hacer antes de irte a la cama.

Túmbate sobre la espalda bajo las sábanas, como si fueras a dormir. Mientras te encuentras acostado/a, tómate un momento para apreciar la sensación de hundirte en la cama, la sensación de cómo tu cuerpo es soportado y de que has alcanzado el final del día, que ya no tienes nada más que hacer. Respira profundamente cinco veces, inspirando por la nariz, espirando por la boca.

Paso 1. Comienza por hacer la comprobación para ver cómo te sientes, física y mentalmente. Recuerda que, del mismo modo que no puedes apresurar la relajación, tampoco puedes apresurar la llegada del sueño, así que tómate el tiempo necesario en esta parte del ejercicio. No te preocupes si tienes un montón de pensamientos zumbando a tu alrededor, por ahora déjales que hagan su trabajo.

Desplaza tu atención hasta la sensación del cuerpo en contacto con la cama, el peso del cuerpo hundiéndose en el colchón. Nota dónde se encuentran los puntos de contacto más fuertes. También puedes darte cuenta de los sonidos o de otras sensaciones. Puedes mantenerte durante unos treinta segundos antes de desplazar la atención nuevamente hacia el cuerpo.

La mente se sentirá atraída invariablemente por las zonas de tensión. Recuerda darte cuenta de las áreas relajadas y cómodas. No necesitas cronometrar esta parte del ejercicio, puedes pasar a la siguiente cuando sientas que ya han pasado un par de minutos.

Paso 2. Recapitula el día de un modo concentrado y estructurado. Comienza recordando el primer momento del día del que tengas memoria después de levantarte por la mañana. No hace falta que sea con todo detalle, se trata de un vistazo general. Mientras la mente repasa el día, existe la inevitable tentación de saltar dentro, donde quedaremos atrapados por los pensamientos. Cuando te des cuenta que te has distraído, vuelve suavemente a la película de los acontecimientos del día que estás proyectando en tu mente y retómalo donde lo dejaste.

Paso 3. Una vez que hayas llegado al momento presente, puedes volver a concentrarte en el cuerpo. Fija tu atención en tu dedo meñique del pie izquierdo e imagina que estás desconectándolo para que descanse durante la noche. Continúa así con la planta del pie, el arco, el talón, el tobillo... y así hasta alcanzar la cadera y la zona pélvica. Antes de repetir este ejercicio con la pierna derecha, tómate un momento para notar la diferencia entre la sensación de la pierna que ha sido desconectada y la que no.

Continúa este ejercicio por el torso, hacia los brazos, manos y dedos, y de nuevo hacia arriba a través de la garganta, cuello, rostro y cabeza. Ahora puedes permitir a la mente que vague todo lo que quiera, hasta que te quedes dormido.

Si aún estás despierto, tenemos dos opciones. La primera es permitir que la mente vague, asociando libremente un pensamiento con otro, sin ningún sentido de control. Si lo consideras como algo desconcertante, concluye el ejercicio contando hacia atrás desde mil hasta cero, así la mente estará ocupada mientras haces la transición del sueño.

Ejercicio. Mindfulness corriendo

Antes de salir a correr, céntrate en tu respiración y pregúntate después cómo te sientes. ¿Qué está pasando por tu mente? ¿Te sientes ansioso, seguro de ti mismo o indiferente?

Comienza a percibir las sensaciones físicas, puede que sientas las piernas con agujetas por la vez anterior que corriste o los hombros tensos, o tal vez sientas ligereza. Este proceso se realiza sin juicio o análisis. Antes de comenzar a correr, respira profundamente un par de veces. Inspira por la nariz y espira por la boca, concentrándote en la sensación de los pies en el suelo. Adopta el ritmo de respiración a la propia carrera. Mantén la consciencia de todo lo que te rodea, y trae de vuelta tu pensamiento cada vez que te distraigas fijándote en tu cuerpo. ¿Cómo te sientes ahora que te estás moviendo? ¿Cómo responden tus músculos? Tu respiración cambia rápidamente en cuanto el cuerpo coge su ritmo; obsérvalo. Solo has de permanecer consciente de estas cosas. ¿Experimentas bienestar? ¿Ves tus pensamientos mientras corres? ¿Está tu mente en los acontecimientos del día en lugar de corriendo contigo? ¿Estás anticipándote a lo que deberás realizar al llegar a casa o mañana en el trabajo?

Mientras te adaptas a correr, percibe el ritmo que has establecido. ¿Te sientes cómodo en él? ¿Cómo se siente tu cuerpo?, ¿equilibrado?, ¿usas la misma fuerza en ambas piernas?

Observa con la idea de la sana curiosidad lo que te rodea, interésate solo por las cosas que te atraigan o capten tu atención.

Al hacerte consciente de las sensaciones, lo serás de las agradables y de las desagradables, pero usadas de forma correcta te ayudarán en la preparación deportiva. En lugar de disociarte, mira lo que ocurre, posa tu atención en la sensación de dolor, opresión o molestia; no es tu dolor, sino la experiencia directa de dolor. Te sorprenderán los resultados.

Si sientes que puedes continuar sin lesionarte, sigue moviéndote como si estuvieras hundiéndote en la sensación. Al moverte así se produce un cambio de dinámica habitual y el resultado es que el dolor se alivia. Si corres para competir, céntrate solo en el proceso y en la mecánica de la carrera. Siente la sensación del pie golpeando en el suelo.

Divide la carrera en zancadas de diez en diez o veinte o incluso cincuenta, es como contar respiraciones y te ayudará a que la mente deje de divagar. Haz las comprobaciones según la distancia de la carrera o al final habrás desconectado del ejercicio.

Recordemos, para finalizar este manual, una frase que se atribuye a Buda y que me gusta contar en las presentaciones de mindfulness. Se le preguntó a Buda: «¿Qué has ganado con la meditación?». Y Buda respondió: «Nada. Sin embargo, te digo que he perdido la ira, la ansiedad, la depresión, la inseguridad y el miedo a la vejez y la muerte».

ANEXO

A continuación mostramos diferentes escuelas que enseñan y utilizan mindfulness de manera terapéutica.

◆ **MBCT** (*mindfulness based cognitive therapy*, o terapia cognitiva basada en la consciencia plena).

El psicólogo Zindel Segal y sus colaboradores de la universidad de Toronto han desarrollado y evaluado esta terapia cognitiva asociada a la consciencia plena. Según ella, los ejercicios de terapia cognitiva (modificación del contenido de los pensamientos negativos) van precedidos por ejercicios de consciencia plena (modificación de la relación con los pensamientos negativos: más vale tolerarlos, aunque sin dejarse influir por ellos ni pretender modificarlos a la fuerza). El objetivo estriba en explorar todo lo que un pensamiento negativo despierta en términos de emociones, reacciones corporales, otros pensamientos y ciclos de ensimismamiento, tendencia a replegarse en uno mismo, etc.

Indicaciones: prevención de las recaídas en los casos de depresión.

◆ **MBSR** (*mindfulness based stress reduction*, o reducción del estrés basado en la consciencia plena).

Método desarrollado e introducido en el campo de la medicina de manos del psicólogo y biólogo de la universidad de Massachusetts Jon Kabat-Zinn.

En particular, propone hacer frente a las situaciones de estrés cotidianas sin tratar de esquivarlas con la distracción (pensando en otra cosa) o la acción (enfrascándose en el trabajo o el juego); antes bien, tales circunstancias deben acogerse y observarse desde un estado de consciencia y lucidez corporal que permita evitar que se agraven o se cronifiquen.

Indicaciones: estados crónicos de ansiedad o dolor.

◆ **DBT** (*dialectical behavior therapy*, o terapia conductista dialéctica).

Terapia concebida en la universidad de Washington por el psicólogo conductista Marsha Linehan para personas que sufren un trastorno límite de la personalidad. Integra, entre otras características, un ejercicio regular de la meditación zen adaptada. De esta manera, los sujetos pueden desarrollar una mejor «consciencia emocional» y, por tanto, una mejor tolerancia de las emociones dolorosas, que de otro modo tenderían a descargar a través de actos físicos o verbales (insultos, autoagresiones, amenazas de suicidio) o mediante el consumo de sustancias tóxicas.

Indicaciones: trastornos límite (*borderline*) de la personalidad.

EVALUACIÓN DE LA CONSCIENCIA PLENA MINDFULNESS

Este breve cuestionario os servirá para evaluar la predisposición al mindfulness.

Hay que valorar cada pregunta en una escala del 1 al 6 con la siguiente referencia:

Casi siempre	1 punto
Con mucha frecuencia	2 puntos
A menudo	3 puntos
Poco	4 puntos
Raramente	5 puntos
Jamás	6 puntos

1. Puedo vivir una emoción sin darme cuenta de ello hasta tiempo después.

1	2	3	4	5	6

2. Derribo o rompo objetos por descuido o desatención, o porque pienso en otra cosa.

1	2	3	4	5	6

3. Tengo dificultad para concentrarme en lo que pasa en el momento presente.

1	2	3	4	5	6

4. Tiendo a marchar deprisa para llegar a un lugar, sin atender a lo que sucede a mi alrededor o a lo que siento por el camino.

1	2	3	4	5	6

5. Presto escasa atención a las señales de tensión física o incomodidad hasta que sean insoportables.

1	2	3	4	5	6

6. Olvido el nombre de las personas la primera vez que me lo dicen.

1	2	3	4	5	6

7. Actúo de forma automática, sin tener consciencia real de lo que llevo a cabo.

1	2	3	4	5	6

8. Desempeño la mayoría de las actividades sin poner verdadera atención en ello.

1	2	3	4	5	6

9. Estoy tan concentrado en mis objetivos que pierdo el contacto con lo que hago en el momento presente para alcanzarlos.

1	2	3	4	5	6

10. Desarrollo mi trabajo de forma automática, sin tener profunda consciencia de ello.

1	2	3	4	5	6

11. Escucho con atención por un oído mientras realizo otra cosa al mismo tiempo.

1	2	3	4	5	6

12. Me sorprende encontrarme de repente en ciertos lugares, sin saber por qué he ido allí.

1	2	3	4	5	6

13. Me preocupo por el futuro o el pasado.

1	2	3	4	5	6

14. Llevo a cabo tareas sin estar totalmente por lo que hago.

1	2	3	4	5	6

15. Me alimento de forma maquinal, sin darme cuenta de lo que estoy comiendo.

1	2	3	4	5	6

Evaluación: suma todas las puntuaciones y divide el resultado entre 9. Obtendrás sobre una escala de 10 una evaluación de la predisposición a las consciencia plena, tanto mejor cuanto mayor sea el valor obtenido.

DESCRIPCIÓN DE LAS NOMENCLATURAS
DE LAS DISTINTAS EMOCIONES

Dependiendo de nuestro entorno, a las emociones básicas o primarias las denominamos de distintas maneras, lo que a veces nos lleva a confundirlas. Este es un listado para etiquetarlas lo más correctamente y neutralmente posible durante los distintos ejercicios:

- **Ira**: rabia, cólera, rencor, odio, furia, indignación, resentimiento, aversión, exasperación, tensión, excitación, agitación, acritud, animadversión, animosidad, irritabilidad, hostilidad, violencia, enojo, celos, envidia, impotencia.
- **Miedo**: temor, horror, pánico, terror, pavor, desasosiego, susto, fobia, ansiedad, aprensión, inquietud, incertidumbre.
- **Ansiedad**: angustia, desesperación, inquietud, estrés, preocupación, anhelo, desazón, consternación, nerviosismo.
- **Tristeza**: depresión, frustración, decepción, aflicción, pena, dolor, pesar, desconsuelo, pesimismo, melancolía, autocompasión, soledad, desaliento, desgana, morriña, abatimiento, disgusto, preocupación, desesperación.
- **Vergüenza**: culpabilidad, timidez, inseguridad, vergüenza ajena, bochorno, pudor, recato, rubor, sonrojo, perplejidad, desazón, remordimiento, humillación, pesar.
- **Aversión**: hostilidad, desprecio, acritud, animosidad, antipatía, resentimiento, rechazo, recelo, asco, repugnancia, desdén, displicencia, disgusto.
- **Alegría**: entusiasmo, euforia, excitación, contento, deleite, diversión, placer, estremecimiento, gratificación, satisfacción, capricho, éxtasis, alivio, regocijo, diversión.
- **Humor**: sonrisa, risa, carcajada, hilaridad.

◆ **Amor**: afecto, cariño, ternura, simpatía, empatía, aceptación, cordialidad, confianza, amabilidad, afinidad, respeto, devoción, adoración, veneración, enamoramiento, gratitud.

◆ **Felicidad**: gozo, tranquilidad, paz interior, dicha, placidez, satisfacción, bienestar.

◆ **Emociones ambiguas**: sorpresa, esperanza, compasión.

ÍNDICE DE EJERCICIOS DEL LIBRO

AGRADECIMIENTOS

La lista de agradecimientos sería interminable, pues me gustaría poder dar las gracias uno a uno a todos los clientes/pacientes que han pasado a lo largo de los años por mi consulta, así como a los alumnos, pues de ellos he aprendido mucho y me han ayudado con sus dudas, consultas y aportaciones a mejorar poco a poco mis técnicas terapéuticas y, sobre todo, a ser muy mindfulness, a observar y acompañar con aceptación y con compasión —amor incondicional— sincera. Así que gracias a todos y a todas por vuestra sabiduría innata.

También quisiera dar las gracias a todo el equipo editorial de Diversa Ediciones por su confianza en mí y por cómo cuidan cada uno de los libros que publican.

A mi esposo Luis por su ayuda técnica y su paciencia cuando me encierro entre las páginas del manuscrito, y por sus consejos para que resulte más didáctico, comprensible a todos los públicos y útil. A veces me encierro tanto en los datos técnicos y científicos que me olvido que es un manual de utilidad y no una tesis doctoral.

Y a mis hijos y nietos, por renunciar a las comidas en familia y darme espacio para poder disfrutar mientras voy llenando páginas y entregando mi experiencia en cada una de ellas.

BIBLIOGRAFÍA

Alonso, M. *Mindfulness en la práctica clínica, tratamiento de los trastornos de ansiedad.* Bilbao: Desclée De Brouwer, 2013: cap. 3.

Andrè, Ch. «La meditación de consciencia plena». En *Mente y cerebro.* 59-2013.

Bishop, S. R.; Lauce, M.; Shapiro, S.; Carlson, L.; Anderson, N. D.; Carmody, J. y et al. «Mindfulness: A proposed operational definition». En *Clinical Psychology: Science and Practice.* 11-2014: 230-241.

Bratley, J. *Calmar la ansiedad.* Madrid: Oniro, 2010.

Borruso, M. *Las enseñanzas de Eckhart Tölle: Guía práctica de meditación para cada día.* Madrid: Gaia, 2010.

Brown, K. W. y Ryan, R. M. «The benefits of being present: mindfulness and its role in psychological well-being». En *Journal of Personality and Social Psychology.* 84(4)-2003: 822.

Cebolla, A. *Terapia cognitiva basada en la Atención Plena.* Publicaciones de la Universitat de Valencia (tesis doctoral), 2007.

Cebolla, A. y Miró, M. T. «Eficacia de la terapia cognitiva basada en la Atención Plena en el tratamiento de la depresión». En *Revista de psicoterapia.* 66/67-2007: 133-157.

Creswell, J. D.; Way, B. M.; Eisenberger, N. I. y Lieberman, M. D. «Neural correlates of dispositional mindfulness during affect labeling». En *Psychosomatic Medicine.* 69(6)-2007: 560-565.

Desbordes, G.; Gard, T.; Hoge, E. A.; Hölzel, B. K.; Kerr, C.; Lazar, S. W.; Vago, D. R. et al. «Moving beyond mindfulness: defining equanimity as an outcome measure in meditation and contemplative research». En *Mindfulness*. 1/17-2014.

Didonna, F. *Manual clínico de mindfulness*. Bilbao: Desclée De Brouwer, 2014: cap. 11.

Esch, T. *Meditation-Neuroscientific Approaches and Philosophical Implications*. Springer International Publishing, 2014: 153-173.

Germer, C. K., *El poder del mindfulness: libérate de los pensamientos y las emociones autodestructivas*. Barcelona: Paidós, 2011: cap. 5.

Grossman, P.; Niemann, L.; Schmidt, S. y Walach, H. «Mindfulness-based stress reduction and health benefits: A meta-analysis». En *Journal of Psychosomatic Research*. 57(1)-2004: 35-43.

Hayes, S. C.; Strosahl, K. D. y Wilson, K. G. *Aceptance and Commitment Therapy: An Experiential Approach to Behavoir Change*. Nueva York: Guilfor, 1999.

Herwig, U.; Kaffenberger, T.; Jäncke, L. y Brühl, A. B. «Self-related awareness and emotion regulation». En *Neuroimage*. 50(2)-2010: 734-741.

Hofmann, S. G. y Asmundson, G. J. «Acceptance and mindfulness-based therapy: New wave or old hat?». En *Clinical Psychology Review*. 28(1)-2008: 1-16.

Hofmann, S. G.; Sawyer, A. T.; Witt, A. A. y Oh, D. «The effect of mindfulness-based therapy on anxiety and depression: A meta-analytic review». En *Journal of Consulting and Clinical Psychology*. 78(2)-2010: 169.

Hülsheger, U. R.; Alberts, H. J.; Feinholdt, A. y Lang, J. W. «Benefits of mindfulness at work: The role of mindfulness in emotion regulation, emotional exhaustion, and job satisfaction». En *Journal of Applied Psychology*. 98(2)-2013: 310.

Ives-Deliperi, V. L.; Howells, F.; Stein, D. J.; Meintjes, E. M. y Horn, N. «The effects of mindfulness-based cognitive therapy in patients with bipolar disorder: a controlled functional MRI investigation». En *Journal of Affective Disorders*. 150(3)-2013: 1152-1157.

James, W. *Psychology: A Briefer Course*. New York: H. Holt and company, 1893: 176.

Jazaieri, H.; McGonigal, K.; Jinpa, T.; Doty, J. R.; Gross, J. J. y Goldin, P. R. «A randomized controlled trial of compassion cultivation training: Effects on mindfulness, affect, and emotion regulation». En *Motivation and Emotion*. Springer International Publishing, 38(1)-2014: 23-35.

Jha, A. P.; Stanley, E. A.; Kiyonaga, A.; Wong, L. y Gelfand, L. «Examining the protective effects of mindfulness training on working memory capacity and affective experience». En *Emotion*. 10(1)-2010: 54.

Kabat-Zinn, J. *Full Catastrophe Living: Using the Wisdom of your Body and Mind to Face Stress, Pain and Illness*. Nueva York: Delta Publishing, 1990.

Karekla, M. *A Comparison Between Acceptance Enhanced Cognitive Behavioral and Panic Control Treatment for Panic Disorder*. Nueva York: Universidad de Albany (tesis doctoral), 2004.

Khoury, B.; Lecomte, T.; Fortin, G.; Masse, M.; Therien, P.; Bouchard, V.; Hofmann, S. G. et al. «Mindfulness-based therapy: A comprehensive meta-analysis». En *Clinical Psychology Review*. 33(6)-2013: 763-771.

Kilpatrick, L. A.; Suyenobu, B. Y.; Smith, S. R.; Bueller, J. A.; Goodman, T.; Creswell, J. D; Naliboff, B. D. et al. «Impact of mindfulness-based stress reduction training on intrinsic brain connectivity». En *Neuroimage*. 56(1)-2011: 290-298.

Langer, E. J. «Mindful learning». En *Current Directions in Psychological Science*. 9(6)-2000: 220-223.

Ministerio de Sanidad y Consumo. *Guía de práctica clínica sobre el manejo de la depresión mayor en el adulto*. 2008.

Miró, M. T.; Perestello-Pérez, M. T.; Pérez, J.; Rivero, A.; González, M.; de la Fuente, J. y Serrano, P. «Eficacia de los tratamientos basados en mindfulness para los trastornos de ansiedad y depresión: una revisión sistemática». En *Revista de psicopatología y psicología clínica.* 16-2011: 1-14.

Miró, M. T. y Simón, V. *Mindfulness en la práctica clínica.* Bilbao: Desclée De Brouwer, 2012.

Neff, K. D. «The role of self-compassion in development: A healthier way to relate to oneself». En *Human Development.* 52-2009: 211-214.

Puddicombe, A. *Mindfulness Atención Plena. Haz espacio en tu mente.* Madrid: Edaf, 2012.

Quintana Hernández, D. J.; Miró Barrachina, M. T.; Ibáñez Fernández, I.; del Pino, A. S. y Hernández, J. R. «Efectos de un programa de intervención neuropsicológica basado en mindfulness sobre la enfermedad de Alzheimer: ensayo clínico aleatorizado a doble ciego». En *Revista española de geriatría y gerontología.* 49(4)-2014: 165-172.

Ramón y Cajal, S. *Recuerdos de mi vida.* Edición del Centro Virtual Cervantes, 1917-1923: cap. XXVII. Disponible en http://cvc.cervantes.es/ciencia/cajal/cajal_recuerdos/recuerdos/labor_27.htm

Shapiro, S. L.; Carlson, L. E.; Astin, J. A. y Freedman, B. «Mechanisms of mindfulness». En *Journal of Clinical Psychology.* 62-2006: 373-386.

Troy, A. S.; Shallcross, A. J.; Davis, T. S. y Mauss, I. B. «History of mindfulness-based cognitive therapy is associated with increased cognitive reappraisal ability». En *Mindfulness.* 4(3)-2013: 213-222.

Zeidan, F.; Martucci, K. T.; Kraft, R. A.; McHaffie, J. G. y Coghill, R. C. «Neural correlates of mindfulness meditation-related anxiety relief». En *Social Cognitive and Affective Neuroscience.* 9(6)-2014: 751-759.

Helen Flix

Licenciada en Psicología Clínica y de la Salud, posee además estudios superiores de Música, Medicina y Nutrición. Estudió Medicina Tibetana en Nepal, India y Tíbet, consiguiendo el grado de "Duramba", e Hipnosis Clínica en la Universidad de Barcelona. Es miembro colaborador de la Asociación Española de Micro-inmunoterapia, integrante  de la Societat Catalana de Neuropsicologia y colaboradora de los laboratorios homeopáticos Labo-Life. Dirige L'Espai Psicosalut en Barcelona, donde imparte cursos de mindfulness, hipnosis, counseling, flores de Bach y medicina tibetana, y ejerce psicoterapia holística. Tiene publicados doce libros, entre ellos *Padres conscientes, niños felices* y *El chamán. Encuentro en el Corazón Verde*.

Otros títulos:

EL
CHAMÁN
*Encuentro
en el Corazón Verde*

HELEN FLIX

diversa

Padres
conscientes,
niños felices

HELEN FLIX

diversa

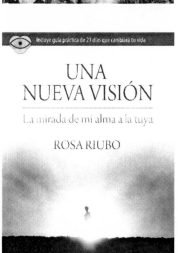

Incluye guía práctica de 21 días que cambiará tu vida

UNA
NUEVA VISIÓN

La mirada de mi alma a la tuya

ROSA RIUBO

diversa

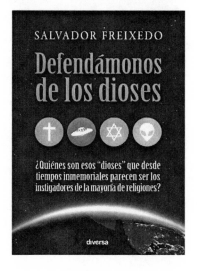

SALVADOR FREIXEDO

Defendámonos
de los dioses

¿Quiénes son esos "dioses" que desde
tiempos inmemoriales parecen ser los
instigadores de la mayoría de religiones?

diversa